Andreas Kislinger

Psychogramm eines Kapitalisten

und das Orakel von Alpha

oder:

Des Wahnsinns 1x1

in der Eitelkeit der Macht

Andreas Kislinger

PSYCHOGRAMM EINES KAPITALISTEN

UND DAS ORAKEL VON ALPHA

ODER:

DES WAHNSINNS 1X1

IN DER EITELKEIT DER MACHT

Stuttgart 2005

Edition Noëma

Bibliografische Information Der Deutschen Bibliothek

Die Deutsche Bibliothek verzeichnet diese Publikation in der Deutschen Nationalbibliografie; detaillierte bibliografische Daten sind im Internet über <http://dnb.ddb.de> abrufbar.

∞

Gedruckt auf alterungsbeständigem, säurefreien Papier
Printed on acid-free paper

ISBN: 3-89821-443-5

Printed in Germany

Für Anna,

die Belle

Das bedeutet: Für alle Frauen, die ehemals aus der mittelalterlich-klösterlichen Kultur Europas (mkKE) stammen. Belle ist eine Analogie zur Glocke jeden 0.815 - so die Maßgabe - Kirchturms.

Achtung!

Dieses Werk ist in seiner Wirkung nicht zu unterschätzen und darf daher nur unter ärztlicher Anweisung zu sich genommen werden. Das Einnehmen dieser Arznei kann zu ernsthaften Schäden führen, wenn den Anweisungen des Trainers bei den aufbauenden Phasen beim Auftauchen von der Tauschstation nicht Folge geleistet wird. (Für die geländerartige Treppe ist das Gehör zu spitzen und die Kunst zu bilden). Achten Sie auf die Worte des Herrn! Im Hause des Rauschens, im Einerlei!

Inhaltskapitalverzeichnung

(Inhaltskarussell und -kartell)

* die Redaktion weist die Anschuldigung, es könnte sich dabei um wahre Angaben handeln, weit von sich und behauptet das Gegenteil

Schlagen Sie sich diesen Apfel aus dem Kopf!

Sie kleinkariertes Quadrat Sie!

Diese Kapitalverzeichnung ist nur das Abbild der Realität und nicht die Realität selbst. Sie ist nur ein Realitäten-Geschäft. Motzen Sie Ihre Mü(n)digkeit auf (auf) und wetzen Sie voran! In die hernierder prasselnden, morgensternartigen Wort-Eier eiwörtrigen Stichelregens. Und Granatäpfel. In die Kalamitäten, hervorgerufen durch verletzungshungrige Vertebraten, Paten oder Großflughunde. Unsere Zeit hat den DIN-O(h)-SAURIER *(als mustergebendes, beliebig duplizierbares Beispiel an [organisatorischer] Größendimension)* wiedererweckt.

* das Schräge zeigt die germ-ANN-istische und die ta-BELL-arische (<franz.> Deine schöne arische...) Beteiligung; letztere handelt von den Mast(-NICHT-)Ur-Paten, die die (Geld-)Zahlen zur GOTT-heit erhoben haben (*AB, NG*)

Achtung!

Der Einlauf beginnt.

Jetzt

Am Anfang war das Wort und das Wort ward Geld...

Ich hatte den Wunsch, einmal etwas wirklich Hohles zu produzieren. Also setzte ich mich hin, um dieses zu entwerfen.
Mir war klar, dass das Geld dabei eine zentrale Rolle spielen musste. Schließlich war es der Wert unserer Zeit. Was ich jedoch nicht gelernt hatte, war, warum es so wichtig war.
Also setzte ich mich hin, dieses zu ergründen.
Alsbald stellte sich heraus, dass es auch den Figuren des öffentlichen Lebens wichtig war.

Schneewittchen und Rosenrot...

Gelernt hatte ich, dass Schneewittchen die Handtasche vergessen hatte, die aber später in der Geschichte deshalb wieder auftaucht, weil Rosenrot ebenfalls vergessen hatte, rechtzeitig aufs Klo zu gehen. Der Effekt war, dass es zu spät war und aus diesem Grund nicht mehr nachgeholt werden konnte. Rosenrot schämte sich natürlich. In seiner Scham gefiel ihm jedoch die Wärme sehr. Was er jedoch nicht vergessen hatte, war, dass die Wärme etwas Böses sei. Voller Ingrimm betastete er die dort ebenfalls vorrätige Handtasche.

Die Macht der Handtasche...

Diese Handtasche gab ihm die Kraft, die Eckigkeit seines Lebens zu erkennen. Was er jedoch nicht zu verstehen glaubte, war die Tatsache, dass die Geldmünzen rund waren. Also versuchte er, diese nun neu erkannte Eckigkeit seiner selbst damit in Einklang zu bringen.

Es kam nicht von ungefähr,...

dass diese ungefähre Einschätzung seiner selbst sich genau mit dem deckte, was er gelernt hatte nicht zu sein oder sein zu wollen. Wie also sollte er sich verhalten?

Ein Dilemma...

Als ich dieses Dilemma erkannte, machte ich mich natürlich daran, die Bedingungen des Universums zu ergründen. Meinerseits hatte ich ja so was immer schon geahnt. Aber dass das so eine Bedeutung erringen würde, war nicht in den entferntesten Winkeln des eigenen Daseins aufzutreiben. Also musste ich mich daran machen, es zu suchen. Leicht sollte es nicht werden.

Das Apriori...

Ich hatte zwei Ausgangshypothesen, die nicht ganz unbegründet in ihrer Offenheit dalagen. Erstens: War das Ei des Kolumbus naturfarben oder eher weiß? Zweitens: War die menschliche Spezies dazu geschaffen, die Wahrheit über dieses Ei zu ergründen?
Wiederum machte ich mich dran. Erstens ergab sich natürlich die Frage, ob die 1. Frage zuerst oder doch erst nach der 2. Frage zu behandeln wäre. Was ich dabei nicht wusste oder vergessen zu haben glaubte, war, wer die öffentlichen Figuren oder Personen waren, die das Anrecht hatten, über Fragen dieser nunmehr offenkundigen Bedeutung zu entscheiden.

Rinnotorisch gesehen...*

Rein rinnotorisch stellte sich hier wiederum die Betrachtung in den Weg, wem das alles unergründbar zu verdanken war. Dass mit den Personen, die im Öffentlichen ganz und gar unverwandt zu agieren im Stande zu sein glaubten, nicht alles stimmen konnte, war ja nunmehr offensichtlich.

---

* ein Hinweis der hinteren Sorte (wörterbruchseitig, ab S 125; [*Seite, nicht Euro!*])

Renitenz war nicht mehr eine Frage des Ansehens, sondern zusehends des Aussehens. Wer hätte das gedacht? Und wäre vor allem daran zu glauben bereit gewesen in Zeiten kleinerer Anmaßungen in Dimensionen, die sich in eitlen Maßstäben noch bemessen ließen.

Die Konkurrenz der Fragen als das Ei des Kolumbus?

Die Frage nach der Spezies war zu langatmig, weshalb es beschlossene Sache war: Dieselbe war im Zuge der weiträumigen Behandlung der ersten hintanzustellen.
Wiederum war diese mithin nur nach hinten zu reihende Frage mit dieser Reihung ganz und gar nicht einverstanden, und unverhohlenermaßen begann sie im Untergrund zu rumoren. Nein, es war nicht ihre Zeit, aber dennoch wollte sie zumindest den 2. Rang auf dieser Liste erwerben. Was war also zu tun?

Die Grund- und Ausgangsfrage war die seiner ihm innewohnenden Eckigkeit, die zuvor dort sich nicht bestandhaft zu befinden gedachte...

Die Wärme war´s, die diese Ausgangsposition erwirtschaftete. Es war an der Leistung leicht ersehbar, dass es der Unleistung des Genusses und der Willfährigkeit der Triebe zu verdanken war. Es war nicht die Bedeutung des Ganzen oder der Leistung im Ganzen, ganz und gar nicht. Es war die Bedeutung des Triebes, der die anderen Fragen denkunmöglich machte.

Nunmehr ging es also um die Ergründung des Offensichtlichen...

Kennzeichen des Offensichtlichen ist das, was den meisten geschäftigen Personen nicht geschenkt ist, zu entdecken. Es bedarf der passiven Nicht-Geschäftigung. Der Unverhohlenheit des Momentes in seiner lasterartigen Genauigkeit zu verfallen. Der honigrhabarberischen Frivolität in erlahmender Ungerechtigkeit rechten zu wollen. Ja, es ist einerlei, ob die Rate des Namens mit dem Unrat der Bewässerung von liegenschaftlichen Bepflanzungen übereinstimmt. Ja, es ist einerlei, ob die Namenlosigkeit des Denkens sich nicht zuvor in schon nicht dort gewesener

Lachhaftigkeit zu ersprießen gedenkt. Die Narrenhaftigkeit dieses Glaubens (an X) erwidert sich nur im Sich-Erdreisten der eigenen Anschauung.

Den Schaden haben immer die anderen...

VW oder Ingolstadt, man braucht die Wolfsgruft nicht zu kennen: Im Rudolfinerhaus war es nicht anders, eine glatte Ohrfeige für die gelangweilte Galanterie des Ostens. Und die verheißungsvolle Unbarmherzigkeit gegenüber der gelackarschten Verzweiflung der übrigen. Warum nicht die Eier vor dem Abend loben? Warum nicht die Zerbrausung des eigenen Autos erwarten? Warum nicht die lobgerannte Rede des analphabetischen Gottes erhören, warum nur warum...

Herummörmern, verwunden...*

Herummörmern, verwunden, vermasselndes Beten ergründen, warum nur warum, es hat sich niemand ergeben und keiner war´s, der dabei sein wollte, nein, es war nicht diese Frage, es war die verkörkelnde* Miene des anderen oder der anderen. Zerbröckeln ist nicht die Antwort auf das einerlei, es ist die Erneuerung, das Erbrechen des Alten, das wieder zu Neuem (oder nicht) führen kann. Es ist das Gewagte!

Es ist diese verkörkelnde, nimmersatte Miene...

des Einerlei. Des Einer-l-Ei! Ronnie rechtet verwegen, Ronnie ergattert den Gatten, Ronnie erleuchtet den Wer, Ronnie erbarmet sich keiner. Und Romy ist auch dabei. Romy ist nicht Rommy und Rommy nicht Kanastern. Der Romy ist es einerlei, es ist keiner l-Ei. Retten erwärmet das Sollen. Retten erwärmet die Sau. Retten ergauert den Rahmen, retten ergrimmet den Hafen. Retten erbrandet sich nicht mehr, retten gämmert* Wau-Wau.

Der Erretter findet Erhörung...

Eins und eins ist eins. Zwei und eins ist eins. Eins und drei ist auch eins. Aber Eins minus eins ist unter Null. Eins und Eins wagen das Eins und sind doch Zwei. Als Zwei, die eigentlich eins sind, können sie in der Regatta punkten. Punkten können sie wiederum aber nur geklont. Auch klonen will gekonnt sein. Also macht eins und eins doch Zwei und Zwei kann somit doch mehr als eins sein. Die Frage ist nur, wer wird als erster drauf kommen=?

Die Vernaderung der Natter oder das immersatte Grün...*

Was uns wieder zurück zur Frage des Geldes wirft. Wie kann einer, der den anderen glaubhaft vermittelt, er sei Zwei, nicht zu Geld kommen? Wie kann einer, der den anderen glaubhaft vermittelt, er sei Zwei, nicht zu Geld kommen? Wie kann einer, der den anderen glaubhaft vermittelt, er sei Zwei, nicht zu Geld kommen? Ist es die Vernaderung der Natter oder ist es das immersatte Augengrün des Smaragd, das uns weiß machen soll, er habe sich nicht ergattern lassen, durch die nimmersatte Glut der ausbeutenden Macht der Zwei? Ist es die Macht des Einen, der sich als Zwei ausgibt, oder ist es die nimmersatte Idiotie des nicht vorhandenen Anderen, der nicht mehr das Eine verhindert? Oder ist es der röchelnde Untergang des Abendlandes, das sich nicht mehr selbst erhören kann, was es *lange zuvor* schon nicht mehr zu denken gewagt hat.

Das Denken der ruinösen Gedanken führt zum Aufruhr der Zwei...

Als ich erkannte, dass er die Handtasche in der Wärme seines Veräußerten imstande war zu ertasten, brach ich in Tränen aus. War es nicht die Jahrhunderte zuvor weihsgesagte Schönheit der Lüge, die das Auffinden einer Tasche im Morast für nur allzu wahrscheinlich gehalten hatte? War es nicht diese Lüge der Schönheit, die ihn – und das erkannte ich jetzt – zum Vorherdenken dieses einen Gedankens ermächtigt hatte. Das Ei des Kolumbus war in einer nicht zu entzweienden Einheit des immersatten Grün entstanden und verwehrte den Zugriff des Einen, der sich als Zwei ausgab. Es war nicht das Ruinieren der Allmacht, sondern die Ruinante der Zwietracht. Das war doch so einfach. Die Zwietracht als die andere Seite der Zwei, die Einheit als die andere Seite des Einen. Die Schuppen waren im Dunst des Kochvorganges zur Oberfläche des toten Fisches verdampft.

Und es begab sich, dass einer sich aufmachte zu suchen...

Diesmal war es der Erzähler selbst, der sich in den Mittelpunkt der Geschichte rückt. Er erzählt, wie ein anderer Dinge erlebt, die er erzählend wiederum erlebt. Die Zweiheit des (Nicht-)Tuns oder die Doppelgesichtigkeit der Art. Die Reflexion der Tat ist das Ergebnis des gedachten Tuns. Erwirb die Aktivität, auf dass Dir die nicht gelebte Passivität auf den Kopf falle. Erkämpfe den Frieden, auf dass Dir der Frieden ein Ei legt. Lege ein Ei, auf dass der erfriedete Kampf sich entfriedet erfriedelt. 'Aufbäumen' in der Sprache der Biologie oder rein als ein sich verkapitalisierender Frieden, auch bekannt als der Frieden der stärkeren Argumente (sagt der Verführer). Sicher, das Geld muss fließen, wie die Körpersäfte durch das Kleid verdampfen müssen.

Sex als die Revolte des Krieges...

Sex als die Revolte des Krieges ist in Amerika noch nicht entdeckt worden und selbst Russland hat mit dieser Aussage nichts zu schaffen. Das wäre auch die Wiedererschaffung der Kolchose, die wir ja alle seinerzeit so gefürchtet haben müssen. Seinerzeit, als wir noch gar nichts von der Kolchose wussten. Seinerzeit, als das Geld noch keiner Entdeckung anheim fiel, seinerzeit, als die Kohlsprossen noch von den Dächern pfiffen...es war eine wilde Zeit, als die Kohlsprossen noch hinter der verdeckten Hand zum Sex aufriefen, als dem probaten Gegenmittel zur Macht. Der Sex als die unausgeübte Revolte des Krieges. Wohlgemerkt, der partnerschaftliche Sex.

Rundherum die Macht des Eingemachten...

Sicher, die Handtasche hätte nicht gefunden werden dürfen. Und nicht das Ei des Kolumbus, der es schließlich war, der den Fischen das Schwimmen beibrachte. Warum den Fischen? Weil die Radfahrer so schlecht über den Kolumbus kommen. Und der Kolumbus ohne Wasser nichts hätte finden müssen. Kolumbus war es ja schließlich nicht, der die Wahrheit der Gestirne erforschte. Das war immer noch der Galilei. Ja, der Galilei war´s. Und natürlich war der von der Kirche angegriffen. Das ist die Allmacht der Innovation. Wer zur Innovation greift, wird durch die Innovation umkommen.

Ronald...

Wer Ronald ist, weiß die ganze Welt. Nur wie Ronald wurde, weiß niemand. Rudernd ergeifert sich reine Seide zur Baumwolle zurück. Im Rudel den Eisprung der Macht erwarten, Rudi dabei begrüßen, Rudolf davon entwarnen. Reicht nicht der Friede zu Allmacht, muss es die Macht zum Frieden sein. Oder über Macht zum Frieden kommen. Erneuerung kann nun mal nicht einfach ergattert werden. Erneuerung muss friedlich sein. Erneuert kann nur werden, wer sich der eins entsagt. Eins und Eins kann nun mal nur Zwei sein, wenn Zwei sich der Eins entsagen. Zwei mal Entsagung ist Drei. Wenn drei sich entsagen, könnte dann daraus auch wieder Vier entstehen. Dieser Frage muss nachgegangen werden!

Die Mathematik des Seins...

Der Mathematik ist es einerlei, für Sie ist es das Eine des Eineiigen, das doch wiederum die Zwei ganz pragmatisch und notorisch beinhalten muss. Ob 'beinhalten' den Inhalt behält, ist aber wiederum fraglich. Ist es doch die Vernaderung der Natter, die das zu entscheiden hat. Aber die Natter ist nicht käuflich. Warum Ronald sie nicht kaufen konnte, konnte bisher nicht geklärt werden. Ist es der Name der Zeit, der die Rosen zum Verwelken bringt oder ist es die Zeit des Namens, die die Vergewaltigung des Reinen heraufbeschwört. Ergeifern kann sich nur das Erheischende, es ist die Reinheit des Names: Das hätte sich die Adelheit seinerzeit...

Der Adel häutet sich alle sieben Jahre...

Die Häutung muss beschworen werden, die Häutung erniedlicht den Häuptling. Erniedlichung aber ist zärtlich, komm in den Reigen der Liebe. Der Reigen ziemt sich zärtlich, erbring die Macht am* Klo. Ereifere Dich täglich, so hast Du keinen Floh. Ringeringer Eier, wir haben kein Wau-wau. Erträume Deine Bäume, mit ihrem Kakadu. - Kaukau erwärmt sich täglich bei einer Sahne Bräu. Verdammt sei der erkläglich*, nur mach der Liebe Bräu. Kakao ist nicht verderblich, drum habe keine Angst. Die Angst ist doch erklecklich*?

Ringaringareiha...

Ringa, erring die Eier! Ringa erring Dich nicht. Wir haben keine Eier im Eimer, verlass Dich nicht. Die Eier vor dem Wannst tragen. Dem Wannst die Eier nicht abkaufen, weil der Wannst keine Eier besitzt. Man kann nur jemandem was abkaufen, was der besitzt. Und besitzen tut der nun mal keine Eier. Also kann er sie auch nicht vor dem Wannst tragen. Die Frage bleibt nur, was das aber wiederum mit der Handtasche zu tun hat.

Römisch werden ist katholisch...

Das mit den Römern war ein Scherz. Nur wer zum Scherz greift, wird durch ihn umkommen, so die Worte des Rechts. Ob die Römer den Katholizismus verhindern wollten? Die kannten den ja gar nicht. Also wie sollten sie etwas verhindern können, was damals der Erfindung sich noch nicht erdreistet hatte. Es ist die Erdreißung*, die angibt, wo´s lang geht. Es ist nicht die Ermächtigung durch den Scherz. Es ist die Erdreißung selbst, der dieses Prinzip innewohnt. Hat ja nicht der dreißigjährige Krieg genau das schon erwiesen. Warum muss die Bank aus dem Dorf genommen werden, um bei dieser Sache auf den Hund zu kommen. Einer Sache auf den Hund kommen. Die Spreu vor dem Hund vergraben. Als ob der Weizen sich nicht auch sträuben könnte.

Mörderisch, dieser Katholizismus...

Froh zu sein bedarf es wenig, und wer wenig ist, ist ein König. Des Rechtes einmal eins. Ein mal eins ist keins. Und das wussten die Leute sicher, die das Kondom erfanden. Warum zum Henker? Die liegenschaftliche Bepflanzung durch katholische Schwüre entmenschen. Das Entmenschen ist das Recht des Katholizismus. Die Überbevölkerung ist dann kein Problem mehr. Für die Menschheit, die Entmenschung von liegenschaftlichen Bepflanzungen beschleunigen, ist das Recht der Kirche. Der Kirche den Katholizismus austreiben zu wollen, gefährdet nun mal die Rasse. Also ergötzet Eure Kirche, so entgeht Ihr dem Bösen nicht. So steht es nicht geschrieben. Hätten die Götzen das gewusst, wären sie in Scharen zum Glauben übergetreten.

Der Kirche auf den Trichter kommen...

Wenn man der Kirche auf den Trichter kommt, muss das aber nicht bedeuten, dass die Trichinen aus den Schweinen verschwinden. Schließlich gibt es Därme. Es ist die Macht der Därme, die die Häute aus den Schweinen treibt. Nicht der Glaube veranlasst die Schweine zu diesem Akt. Die Schweine können nicht jammern. Es ist die Schweinheit des Glaubens, die dem Leben die Liebe versagt. Also nocheinmal: Wer hat, dem wird gegeben. Oder auch anders: Wer Kondome hat, dem wird zumindest nicht genommen. Was die Schrift weiß, muss die Kirche noch lange nicht wissen. Und Kirche sind wir alle.

Wie kann aus einer Kirche der Staat entstehen?

Die Rückgabe des Staates an die Kirche. Das ist die implizite Forderung. Gebt der Kirche, was der Kirche ist. Die Kirche im Kreuz lassen. Die Kirche aufs Kreuz legen? Ob die Kirche in die Kirche geht, ist die Sache der Kirche. Einer Sache auf die Kirche kommen. Einer Sache auf die Kirche gehen. Marmelade, maarmeelaadee. Marme Deine Lade. Und Ladendiebe werden gehäutet. Das hätte der Ronald aber auch schon gewusst. Hat er zumindest gesagt. Ob er gesagt hat, was er gewusst hat oder gewusst hat, was er gesagt hat, wissen wir eben gerade nicht. Das ist das Problem.

Also im Ernst: Wie kann der Staat so weit abgetötet werden, dass er wieder von der Kirche entdeckt werden kann?

Diese Frage kann nur von der Geldwirtschaft behandelt werden. Das sagt schon das Formular 303. 304 regelt die Kondomvergabe an Klone, das wäre völlig falsch. Also aufgepasst! Das Formular 303 gibt vor, wer in welcher Reihenfolge aus den staatlichen Rechten, die es sodann kaum mehr geben wird, in die Freiheit der Geldlosigkeit entlassen wird. Geldlosigkeit ist der Anfang vom Ende. Geldlos ist wer kein Mittel mehr hat ans Geld ran zu kommen. Dem Geld auf das Los kommen. Das Los des Geldes erahnen. Das Geld kann im Los seine Entsprechung finden, nicht aber das große Los ziehen. Ermörmert den Ergötzlichen. Ermörmert die Gnade der Macht. Ronald sieht das alles mit seiner blöden, verkörkelnden Miene. Gute Miene zum Götzen machen. Der Götze kann schließlich keine Miene verziehen.

Rundherum oder Geradeheraus...

Es bleibt, wie es ist, sagt die Liebe. Es bleibt, wie es hat, sagt die Macht. Ergötzet Euch an den Armen, so die Devise der Macht. Macht Euch die Armen Untertan. Unter der TAN findet ihr das Geld, unter dem Lebertran die Eingeweide. Es mörmern die Eingeweide unter der TAN. PIN Dich frei. Einer-l-Ei oder das Ei des Kolumbus. Du kannst wählen. Den Teufel oder den Brezelbub. Dazu musst Du aber einer Sache erst auf den Pfiff kommen. Sonst lässt sich ein Pfiff* gar nicht bestellen. Da sind die Lieferanten der Macht erbarmungslos.

Seit wann muss die Macht geliefert werden?

Die Macht muss geliefert werden, sonst ist sie geliefert. Der Lieferanteneingang ist vorne. Nicht, dass die rationierte Seite der Macht den Lieferwagen benützen muss. Sie liebt es, in geraden Portionen beim Besteller anzukommen. Auch die Macht bäckt ihre Brötchen. Weiße oder schwarze Brote. Sonst gibt es Tote. Tote haben mit Torten meist wenig gemein. Und deshalb muss es sein, die Torte. Mit Schlag. Oder anderswo. Ahoi?

Und wie hängt die Macht mit der Bank zusammen?

Diese Frage kann vorderhand nicht geklärt werden. Erst über die Rückhand. Ein starkes *backhand* ist wichtig für den Sieg. Nicht zu vergessen die Handtasche, auch die muss natürlich regelmäßig mitgeführt werden. In einem sozusagen, die Macht der Bank trifft auf die Macht der Handtasche. Was für eine Begegnung. Die einzige Chance, die die Handtasche dabei hat, ist schnell einen kleinen Schminkspiegel zu ziehen. Schnell und behänd. Sonst beklemmt sich die Bank und entwickelt eine Neurose. Selbst Freud wusste von den Schulden ein Märchen zu erzählen. Er war der große Freund der Neurose. Er hat sie geliebt, bis die Schuldenverquickung der Welt ihm die Freude daran stahl.

Die Macht muss geliefert werden und die Bank braucht die Schuld...

Ohne Rechenschieber lässt sich diese Gleichung nicht begleichen. Selbst das Rhinozeros weiß das. Es hat schnell gelernt. In der Dunkelheit der Nacht. Als die Affen von den Bäumen kamen. Im Gekrächz der Leute. Und Rechnen kann jedes kleine Kind. Erstens: Was braucht ein Affe, das ein Mensch nicht braucht. Zweitens: Können Rhinozerosse klonen. Drittens: Hat das Rhinozeros was,

was der Mensch nicht hat. Und viertens: Die Milch kocht in den Adern. Wenn also ein Rhinozeros zur Bank kommt und seinen Scheck einlösen will, gilt es die richtige Ausrede parat zu haben. Andernfalls wird es wieder Abend.

Die Macht der Schuld...

Längstens da müsste es klick machen. Tut´s aber nicht. Nicht dass die Eingeweide nicht laut rülpsen können. Aber klick geht nur bei einer eingebauten Apparatur. Und die muss gekauft werden. Kaufen erzeugt Schuld und damit sind wir wieder am Anfang. Also noch einmal: Wir müssten eine Apparatur kaufen, die man einbauen kann und die rechtzeitig klick macht. Sonst kommt die Schuld und dann ist es zu spät. Klick bedeutet Stopp und Stopp kann durch ein Klick ausgelöst werden. Wenn es nicht ausgelöst wird, dann bleibt die Erlösung aus. Mel Gibsons großer Trumpf. Die Erlösung erlöst den Erlöser von seiner Qual. Durch ein Klick. Klick-klick-klick.

Während die Eingeweide rauschen,...

erscheint eine Leinwand, die das Innere der Eingeweide zeigt. Lange, schwarze Zotten, mit langsam fließender, schwarzer Milch. Die Milch ist leicht gekühlt im Anfahrtsweg durch den Magen. Wie bei der Lieferung der Macht, nur diesmal ist es halt Milch. Die Unteilbarkeit der Milch steht für die Unteilbarkeit der Macht. Obwohl Milch mit Macht wenig zu tun hat. Vorderhand. Aber nicht bei einer starken Rückhand und die ist wichtig für den Erfolg. Mit dem Erfolg ist so wie mit dem Geld. Angeblich vermehrt es sich, wenn man brav ist. Brav die Regeln befolgt. Wer das erfunden hat?

Eine Frage macht noch keinen Sommer...

Also es ist so: Du legst das Geld auf die Bank. Oder die Bank borgt Dir Geld. Sie hat zuviel davon. Also die Bank borgt Dir Geld, wenn Du brav warst, weil Du dann nämlich Geld hast. Wenn Dir die Bank kein Geld borgt, warst Du nicht brav. So sagen es die Regeln. Also wenn Du kein Geld hast, hat Dir die Bank kein Geld geborgt und das ist alles Deine Schuld. Durch Deine Schuld kannst Du bei der Bank keine Schuld bekommen. Die Armen leiden darunter, dass ihnen die Bank keine Schuld geben kann. Dadurch ist für sie ein positives Ansehen unmöglich geworden. Das positive

Ansehen steigt mit den Schulden bei der Bank. Das ist der Gradmesser eines Ansehens.

Und die Macht macht die Regeln des Ansehens...

Sieh zu, dass Du Dir ein Anwesen erwirbst. Das Anwesen entscheidet über die Anwesenheit des Ansehens. Sonst siehst Du nicht gut aus. Es sieht dann mit Dir ganz und gar nicht mehr aus. Der Ausstoß hat dann seinen Einlauf begonnen. Bekanntlich regeln Einläufe die Verdauung. Die Verdauung des Systems. Manches das drin ist, muss raus. Nicht, dass Du im Anwesen des Ansehens gut geatmet hättest. Nicht, dass das nicht draußen weitaus besser ginge. Aber die Äußerlichkeit des Ansehens braucht das Äußere. Sonst ist niemand da, der es ansieht. Und das wäre für das Ansehen ein großes Versehen. Auf Wiedersehn.

Es ist diese liegenschaftliche Vertrautheit,...

sagt der Molch. Molche haben meistens keine Ohren. Die hat ihnen der Schöpfer geraubt. Aber Darwin kennt den Schöpfer nicht. Das heißt aber nicht, dass deswegen den Molchen Ohren wachsen müssen. Dazu ist es zu kalt und zu feucht. Schließlich gibt die Umwelt den Ton an. Wer Ton hat, hat auch Nägel. Und Wasser. Sonst gibt er keinen Ton von sich. Der Moloch oder der Schöpfer oder der Darwin. Ich frage mich, was der erste mit dem Zweiten oder dem Dritten zu tun hat. Das kann nur das Dreier-einmal-Eins oder das Dreier-einmal-Zwei oder das Dreier-einmal-Drei erzeugen. Das ist die Mathematik des Seins.

Wenn die Orgeln pfeifen,...

ist es vorbei, die Lamentei. Wenn die Orgeln es von den Dächern pfeifen, dann findet sich eine zweite Handtasche im Morast, und die lässt einen dann die eigene Rundheit im Spiegel (herausgeholt aus ihrer innewohnenden Ziehharmonika) erkennen. So lautet die Offenbarung. Ziehe die Monika harmonisch und es wird alles gut. Die offene Gebahrung der Geschäfte. Aufbahren, einladen und wegfahren. Vielleicht kann es der Kapitalist ertragen. Dieses einfache aufbahren, einladen und wegfahren.

Wenn Adam einen Apfel schlägt...

Nicht, dass es darum ginge, den Apfel unweit vom Stamme fallen zu lassen. Nicht, dass es darum ginge, den Äpfeln das Wedeln mit dem Schwanz zu verbieten und auch nicht, dass es wichtig wäre, den Äpfeln das Singen auf den Dächern zu verbieten. Wenn die Eva nicht vorbeikommt, sehe ich schwarz für die Apfel-Pläne oder die Apfel-Koalition. In apfelartiger Manier aß er seinen oder ihren Apfel. Das sollte ihm bekanntlich die Augen öffnen. Aber wo bleibt die Eva. Da muss man dem Apfel aber schleunigst auf den Wurm kommen und ihm auf die Sprünge helfen. Äpfel leben länger, wenn ihnen täglich ein Apfel verabreicht wird.

Rhinozeros ringt um reinen Honig...

Ich möchte, dass Du mir reinen Honig eingießt, sagte das Schneewittchen zum Bergarbeiter namens Bergbaron. Der Bergbaron nahm sein Barometer und weissagte Regen. Es ist die Reinheit des Regens, fuhr er fort, die uns in zunehmendem Ausmaß die Sonne verdunkeln wird. In Zusammenarbeit mit den Heuschrecken, natürlich. Das soll jetzt in Angriff genommen werden. So entsprechend dem Aufriss (der Aufriss bestimmt die Sicht auf den Plan). Und bekanntlich lügen Pläne nicht, sonst wären sie als schöne Lüge zu entlarven. Und das ist ihnen aber nicht zuzumuten, dieser ungnädigen Wahrheit der Unwahrheit. Damit lässt sich nicht einmal ein Bock schießen.

Wenn jemand einen Bock schießt...

weiß er genau, was er tut. Nicht so der Manager, der schießt laufend Böcke. Der lässt sich aber nicht ins Bockshorn jagen. Das wäre früher so Brauch gewesen, als man noch mit der Lederhose in die Bank durfte. Aber heute ist das alles anders. Es wird regelmäßig zum Jagen geblasen und regelmäßig werden Böcke geschossen. Das freut die Eingeweide der Macht. Männer leben länger, wenn Sie ihre Eingeweide mit den Eingeweiden der Macht verkabeln. Das ist keine Schande. Eingeweide bleibt Eingeweide und schließlich haben auch Böcke Eingeweide. Das weiht sie dafür ein.

Apfel, apfel Kuchen...

Sich einen hinter die Binde gießen und besser anbeißen als reinschwafeln in die Wurst, sonst musst Du Dir das Brot vorhalten vor den Mund. So kannst Du mir nicht auf das Lokal gehen in der Strasse. Du kannst mich, lokal genau hier nämlich. Wann´st Du nämlich mir nicht auf den Eiern gehen willst, dann richte Dir Deinen Wannst drauf ein. Damit die Wanne das Kind nicht ausschüttet, noch nicht. Die Ausschüttung von Östrogen macht friedlich und das wollen wir nicht. Wir wollen das östrische Gen im Wind. Damit es bleibt, das Kind. Bei der Verkabelung musst Du auf den Wind achten.

Einen Apfel verschreiben,...

einen Baum pflanzen, rechtzeitig die Gelegenheit zur Düngung nutzen. CO2. Tse-ooh-zwei. Tse-tse-oooohhh-zwei. Die Fliege. Einmaleins, Eimer-lass, Reinerlös. Der Reinerlös der Strasse kommt den Gästen zu. DEN GESTEN. Das ist am besten. A-a-annemarie, wir hassen Dich, wir lieben Dich, A-a-annemarie. Im Westen ist´s am besten bei den Gästen, die Gesten machen zum besten Spiel, dem Spiel der Besten. Das ist noch lange kein Grund, die Hose runterzulassen. Wir sind nicht auf dem Klo. Aber natürlich kann man sich auch eine Gurke ins Knopfloch stecken, das kommt ganz gut. Das hilft auch im Morast, sagen die anderen. Die einen haben das ihren Eiern ja noch nicht zumuten wollen, was dazu führt, das man mit ihnen kein gescheites Wort darüber verlieren kann. Das ist gurkenhaft!

Wo eine Kette ist, kann der Motor nicht mehr weit sein...

Und natürlich sprechen wir von einer Antriebskette. Der Antrieb wird von einer Kette ermöglicht. Die Kette ist das Medium des Antriebs. Ein nicht ganz undurchsichtiger Antrieb. Einmaleins, Eimer-lass, Reinerlös. Das ist die Devise. Der Devisenimport ist 1988 um 65, 305% angestiegen. Mit Euro hat sie wenig gemein, die Gemeinde. Und wieder einmal steht der Wald im Regen. Er ist dort eben einfach nicht stehengelassen worden, das ist das Problem. Wenn es einmal reich wär´, das Reich des Regens in Rio am Gestrande. Stranden lass den Eimer los. Stranden hörst Du mich?

Rechnend verkörkeln die Granden...

Die Granden soll´n verkörkeln, sonst krieg ich einen Grant. James Stewart, Grant Disney und Gary Cooper, der bis zum Schluss mit dem Freddy* seine Keks am Rande seiner Kiste namens Mercury verschmausen wollte. Röchelnd und körkelnd verbraten sie Dich, reimen sich ein, auf Dein Gedicht, bis schmökernd der Reeckel* sich draus erhebt. Der Reeckel ist tot, der Gockel ist rot und das, obwohl die Glocke erklingt. Meiner Sau. Wenn man die Sau aus der Seele raus lässt, kann es passieren, das nachher nichts mehr drin zu seien sich geziemt. Oft können sie nicht einmal rechnen die

Granden. So ein Granat, der Apfel im Spat. Ihr kommt zu spät, wenn ihr die Rentabilität der Macht mit dem Rechner ausrechnen wollt. Das greift das Papier nicht. An.

Es geht um die Wurst...

und nicht um die Zahlen. Den Aalen das Handwerk legen am Bau. Allen dienen im Zerkau. Ja wunderlich, wie sich der Schwarzmarkt ernährt von der Brust, ganz direkt, es ist schauerlich. Die Finanz, erschauert der Minister, ist Nadelstreif in eigenem Gewand. Es ist das Gewand der Kollaborateure. Ko-Labern ist nicht das koordinante Laib-eigene Brot. Es ist der kollaterale Tot, im liberalen Kot. Liberal dem Kot gegenüber, sozusagen. Scheiß Dich ruhig an und Du wirst beschissen. Wer nicht hat, der kann das Seinige suchen. Vielleicht findet man´s ja in einem anderen Land. Nicht bei den Armen von gestern, sondern bei den Armen von morgen.

Nimm mich bitte auf den Arm,...

sagte der Regenwurm und blieb zahm. Schließlich hatte *er* ja keinen. Doch schließt sich die Lücke, welche Tücke, vor morgen sicher nicht. Erst morgen kann die Ausbreitung der Armut richtig bemessen werden. Erst morgen weiß man, was gestern doch anders ausgebeutet hätte werden können. Es ist ein Weh und ein Ach. Vielleicht war es ja auch richtig und es liegt brach. Warum soll der, der mehr hat, nicht morgen schon auf die Idee kommen, zu teilen? Und das Teilen kann wohl niemandem vorgeschrieben werden. Denn vielleicht möchte man ja mit den andern Armen teilen. Wer sagt, dass das Gute liegt so nah. Jeden Tag eine gute Tat, sagt Professor Unrath. Vielleicht ist ja einer gut, und wir wissen´s bloß nicht. Noch nicht.

Wir warten einfach so lange...

bis der Schnee schmilzt und verschmitzt aus dem letzten Regentropfen die Zukunft des Universums erkauft wird. Kaufen ist besser als hungern und das macht den Kapitalisten so gut. Wir wissen´s bloß nicht, wir wissen´s bloß nicht. Und Kaffee ist besser als Kuchen, Streusel besser als Sahne. Häme. Als das Känguru sich in seine bauchhohe, unter dem Nabel befindliche Tasche griff, war es sich nicht sicher, ob dort die vermuteten Pralinen zu finden wären. Und auch als die Schnecke auf ihrem eigenen Schleim dahin glitt, rechnete sie nicht. Sie wusste, was es zu wissen gab, sie rechnete nicht. In der Volkshochschule soll der Schnecke nun das Rechnen endgültig beigebracht werden.

Im Haus der Schnecke...

findet sich der Qualm, den manche schon als weißes Rauschen erahnen. Nimmersatter Spitzwegerich säumt den Weg des Säumigen. Spät kommt Ihr, doch Ihr kommt. Sie versucht zu kommen, er versucht, nicht zu kommen und beiden gelingt es aber nicht. Es gibt gar keinen Grund, sich einzuschleimen. Und wenn es einen gibt, dann hat es das räudige Europa auch so verdient! Der Apfel spuckt dem Wurm nicht ungestraft auf den Kopf und wartet auf seine nächste Gelegenheit. In dieser Sekunde müsste der Hund die Sau aus dem Versteck lassen. Apfel, apfel Kuchen, der Bäcker hat´s gerufen.

Hasch mich, hasch mich, Haschisch...

New York ist nicht Boston und Boston nicht Insilmgrin. Und wieder einmal waren wir auf dem Bodensatz des Lebens angekommen. In gewisser Weise war es auch Morast. Aber ohne Morast gibt es keine Handtasche und ohne Handtasche nun mal keinen Spiegel. Das ist die Regel der Neuzeit. Der Spiegel färbt sich genau in der Farbe, in der Du hineinsiehst. Drehst Du Dich, dreht sich auch der Spiegel und auch die Farbe ändert sich mit. Der Regel auf den Zahn fühlen. Vor allem dann, wenn die Zähne teurer werden. Auch hinter einem gesunden Zahn kann sich ein krankes Reh verbergen. Und krank ist das Huhn.

Hahnebüchern, diese Gemeinhait...

Adelheit bog um die Ecke und just in diesem Moment kam die Maschine zum Stehen. Da fiel ihr ein, was ihr Großvater, der passionierte Autolackierer, immer wieder voller Inbrunst gebetsmühlenartig vor sich hin lamentiert hatte: Pflege die Maschine und sie wird länger halten. Und sie hatte immer an Nagellack und an plüschfarbene Hosen gedacht, die sie der Maschine auftragen wollte. Aufgetragen hat die Maschine ihr dann die Gemeinheit der Habsburger mit ihren krummen Nasen, denn keiner wollte den Finger krumm machen, um die Maschine wieder zum Laufen zu bringen. Voller Ende blickte ich in deren Rachen, mit Ingrimm. Ingrid rechnete derweil die überlangen Kapazitätsverluste aus, die natürlich die Belegschaft zu spüren bekam. Der Kapitalist trägt nun mal das Risiko. Und Risiko besteht allemal, wenn das Geld nicht fließt. Um dieses Risiko besser tragen zu können, muss der Arbeiter die Maschine tragen. Solange bis der Kapitalist seine Moneten, die er vormals in die Maschine gesteckt hat, wieder herausbekommt. Und noch mehr. Das ist doch logisch. Kapitalist ist eben Kapitalist.

Sei so frei und werde Kapitalist...

1. Der Kapitalist ist Kapitalist. 2. Das ist er mit Brot-Laib und Seele. 3. Wer über den Tellerrand nicht hinaussehen kann, kann eben kein Kapitalist sein. 4. Ernähre Dich täglich, auch wenn Du dazu das Geld von anderen borgst. 5. Falle niemandem um den Hals, der für Dich arbeiten soll. 6. Ernähre Dich vom Rettich und miete Dir einen Tellerwäscher. 7. Wenn Du das Geld zum Fenster hinaus geworfen hast und Du noch immer keinen Unterschied merkst, merke auf, denn dann bist Du auf dem richtigen Weg. 8. Mormon kennt Dich noch nicht (wirklich). 9. Er wird Dich noch kennenlernen, in Deiner zerrütteten, süßen, militanten Art. 10. Liebäugle mit der Macht und überlass sie nicht dem Nachbarn, sonst bekommst Du das Eimer-lass-Syndrom, und die Eier müssen im Kühlschrank bleiben.

11. übe Dein backhand...

Gott(I) kennt Dich ja schon lange, Du bist sein ehernes, eheähnliches Kind. In der Dreiheit Deines Gottes hast Du geschmort. Du bist aufgegangen wie ein Knödel der böhmischen Küche. Wenn man Dich ansticht, fließt reiner Powidl*. Da könnte die Topfengolatsche* vor Neid zerplatzen. Wien ist anders, aber der Kapitalist kann eben nun überall. Aufs Klo gehen. Ohne zu zahlen. Das ist doch logisch. Der Kapitalist ist eben der Kapitalist. Der Tellerwäscher des Großvaters hat immer schon gebetet, obwohl der das weder von seinem Gott noch von Brahma beigebracht bekommen hatte. Er hat inkommensurabel sinniert und geschrieen, dass Erfolg sein Karma sei, sein Gockel, seine Gloriett´*. Und auch *er* trug sein Bambusrohr aufrecht um seinen Nippel.

Auch Hitler...

war es nicht gegönnt, seine Muse länger als eine Sekunde zu küssen. Denn wär´s länger gewesen, hätte da was passieren können. Viele kleine Hitlers, ich weiß nicht, was die Menschheit dazu gesagt hätte. Jetzt sind wir zwar bald so weit, aber das darf man in der Öffentlichkeit nicht sagen (nicht ansatzweise, analog oder in Schubhaft). Und schließlich hinkt der Vergleich. Er hinkt um das Mahnmahl seiner Muschi. Ebenso wie der Fisch vom Kopf her stinkt. Jetzt sind sie noch süß, aber alsbald werden wir sie noch kennen lernen. Die 'Kleinen'. Einer besitzt dies, einer jenes, no was ist schon dabei. Schließlich, der Staat kann jeder sein, im Kleinen. Im Kleinen hier, im Kleinen dort. Viel Klein macht auch etwas Mist. Der Mist, der sich dann auf der Bank anhäuft. Oder bei den Fondtts. 'I am so fond of You', sagen dann wieder die Frauen. Im

Pond hinter dem Haus die besondere japansche Goldfischart. Na sind sie nicht süß, unsere Kleinen? Sie wollen ja nur geliebt werden.

Ach, ich könnte Dir auf die Nüsse gehen...

Hab ich Dich, Du kleiner Schlawiner, was haben wir da wieder ausgeheckt? Eine Granate hier, ein Granatapfel dort. Ich weiß, Gewinn blutet nicht. Also wessen Idee war das mit dem Schießstand vor dem Parlament? Ein Scheiß-Stand ist das, so unbemerkt neben der Politik zu bleiben, man möchte schließlich auch einmal beachtet werden und es muss ja niemand wissen, wie das mit der Beachtung so funktioniert. No, wir verstehen Dich, wir lieben Dich, A-A-Arschemanie, wir hassen Dich nicht, wir lieben Dich A-A-Arschemanie.

Und es wurde Tag...

In der Nacht funkeln die Augen so, in der Nacht halbiert sich der Elfmeter. In der Nacht da nörgeln die Amseln sich blau, auch Du mein lieber Gefreiter. Podgorski, Rasumovsky und Aserbeidschan, wir lachen dem Gebieter. Du hast sie nicht mehr alle, bist so blau, rachsüchtig auf dem Gestüte. Heiß ist Dein Geblüte nicht, drum haste nach der Güte. Ran an den Sack und auf den Popo, die Schachseite kennt keine Blüte. Drum steck' Dir die Gurke sonst wohin und überlasse den Speck den Mäusen (falls es nicht bemerkt worden sein sollte: die dahinter liegende, spielende oder gespielte Melodie stammt aus dem Musical 'Cats' und auch der Text ist der deutschen Fassung nicht ganz unähnlich).

"Nur die Party, wo ich dabei bin, ist eine gute Partie",...

sagt der Kapitalist. "Kapitalismus", so der Bergführer, "ist eine der ersten der sich selbst erhaltenden Hyänen, das ist jedenfalls das, was er uns glauben macht. Aber gucken wir mal unter die Strumpfbandgürtel seiner Hosen, was trägt er denn da? Nein, es sind keine eckig gewordenen Beutel gefüllt mit voller, praller Libido, nein, es sind stählerne Kleingewehre mit automatischem Suchlauf. Der Suchlauf ist auf ständigen Beutegang eingestellt. In Endlosschleife und mit automatischer Alarmanlage bei unautorisierten Umprogrammierungsversuchen. Beute im Visier: Befehl: Schuß. Beute im Visier: Befehl: Schuß. Beute im Visier: Befehl: Schuß."

Erneuere Dich,...

sprach der Stier zum Esel, denn wenn Du´s nicht tust, ramme ich Dir meine Hörner in den Rücken und das wird kein Entzücken. Gehörnt, wie ich nun mal bin, erlauche ich mir, Dir den Lauch Deines Lebens zu überleichen. Ramsamko, ramsamko, feuersdreck, spanne, spanne Dich ums Eck. Das ist die freie Marktwirtschaft, wer´s nicht glaubt, geh´ hin und seh´. Die feuerspeienden Leichen, mit denen die Pyramiden von Albatron gebaut wurden. Oder die freie Leber, die sich am anderen Ende der Erde zum Verkaufe zeigt. Ganz allein, ohne die Hilfe des Ramsanko, ramsamko, feuersdreck. Auch der Speck Deines Rückens kann mich nicht entzuckern. Bemuttern ist out und schlägt sich auf den Teint. Also erneuere Dich und lass Dir täglich einen neuen Apfel verschreiben.

Hitlern oder gehitlert werden,...

Du kannst wählen, willst Du Hitlerjünger oder Hitlermadonna sein. Sieh, der Hitler ist so nah. Auf den Hitler kommen. Dabei im Hilton bleiben. Mama mag man eben. Im Hilton. Als die Mama noch vom Himmel fiel, hatte Hitler wenig zu lachen. Abhalftern ist erste Bürgerpflicht.

Als man die Seife in der Oper erfand,...

konnte sich die Kosmetikindustrie leider nicht mehr herausreden. Sie war auf der Hand, da sie nicht unter der Brücke schlafen wollte. Also ging sie allein hinaus in den Wind, um zu sterben, die Kosmetikindustrie. Kos-me und Du wirst die Boutique in der Innenstadt ergattern, bei der Regatta der Neugierigen. Bei der Regatta der Milch. M-i-l-c-h. Und die Industrie lacht sich eins ins Fäustchen.

Und als Ronald...

das Remmen* der Reise in sich verkrapft* hatte, wurde ihm klar, dass das nicht *alles* gewesen sein konnte. War ihm nicht das Blaue vom Himmel heruntergemosert worden? War ihm nicht die Leiste der Last vor die Stirn genagelt worden? War er es nicht, der vergeblich im Hahnenkamm gestanden hatte, um den Lauch der Leichen zu ergründen? Er verstand die Welt nicht mehr.

Remmen ist reimen ist ringen...

Wenn Du Dir keinen Reim daraus machen kannst, musst Du in die Kathedrale von Reims. Dort wird Dir ein Licht aufgehen. In der glühenden Morgenkälte vor dem Altar des Erklecklichen. Gebt Euch hin, Ihr Verlorenen. Gebt Euch hin in die Kluft. Vermemmt Ihr das Erkleckliche, landet Ihr in der Gruft. Drum gebt Acht.

Als Ringo den Star vom Himmel nahm,

war alles noch bunt. Um halb Acht in der Nacht. Um halb Acht in der Krumm. Reinhart richtet die Rohre, auf dass er nicht erfriere. Reinhart errichtet den Pimpf, auf dass er nicht ersims*. Das Säumen hilft der Borte, drum habe keinen Mampf. Erregeln wir die Worte, ist das nicht unser Kampf. Kämpfe den Kampf des Gerechten und Du wirst in Deiner Röte vergehn. So die Worte das Schals. Der Schal kann dem Hecht nicht auf die Sprünge helfen. Das muss schon die Innovation tun. Die Innovation tut sich da leicht. Die Innovation enerviert die Niere, damit die Leber ruhig schlafen kann.

Leber, liebe, Lichte,...

das kostet die Nichte, in diesem Lichte, auf dass er sie nicht richte, eine Mark zwanzig und ein Popo auf´m Klo. Mark Twain. Orson Welles. Mahatma Ghandi. Die Frucht der Arbeit sollt Ihr Euch vergöttern. Es ist das Leibesmahl des Herrn, des Ahnherrn. Nicht der Ahnfrau! Was hatte auch ein Ahne mit einer Frau zu schaffen. Das würde die Rolle der Amme zerstören. Das hatte Liza Minelli auch nicht erkannt. Und erst recht nicht Agatha Christi oder Ilse Roth. Vor allem nicht Jane Fonda, die wäre einfach nur 'fond of You' und das können wir hier am wenigsten gebrauchen. In der Kartause der Macht. Im Kartäuschen der Macht. Im Sein und im Regenschirm. Es ist doch die Regenschirmvariable, ich hab´ das immer schon gewusst. Aber auf mich wollte ja niemand hören.

"Und es war gut so",...

sagte Ferdinand Schüssel als er die Schüsse vernahm. Schüsse kommen aus einem Gewehr, das wir verkaufen. Das kann nicht sein. Da mach ich mir keinen Reim. In Reims bei der Kartäus. Wenn es gut ist, ist es gut, beruhigte die Marmelade den Topfenstrudl*. Wir in Bartholomäus hatten der böhmischen Küche entsagt und es war gut so. Denn wären die Türken seinerzeit nicht von Prinz Eugen in der Nacht verraten worden, wäre die Natter heute noch auf. Aber wie wir wissen, ist diese vernadert worden. Und die Konstriktor wird auch bald kommen, sagte die Eva in der Geha, die die Möha aufgekauft hatte. Aber das wissen wir ja alles schon. Der Knödel geht nun mal auf im Wasserdampf. Und das ganz ohne jeden Kampf oder Krampf. Das ist Trumpf und Triumph, sagte der Pimpf. Triumph ist ein schwarzes Motorrad, das weiß ja jeder. Jedes kleine Kind. Jedes keiner Kind. Jedes Kain´s Kind. Das war die Geschichte mit dem Nabel. Wenn die Gabel jetzt nicht ruhig hält, halte ich den Schnabel auf der Gabel. Eine Mücke, sie entzücke.

Da fragt man sich...

Warum halten immer die Tiere her in den Geschichten? Es soll uns die Inbrunst nehmen, die wir nun mal haben mit den Tieren. Wir sind zu inbrünstig. Und das will die Maschine nicht. Was die Maschine braucht, ist:

1. Liebe
2. Motoröl
3. Treibsand und
4. Rache.

Apache...

war nicht nur der Häuptling, sondern auch ein Motoröl. Reines Motorenöl. Damit die Geräusche der Maschine zu Musik erschallen. Aral, Esso und Wedekind. Ja, vor allem Weh dem Kind. Weh dem Haus, das hält ja keiner aus. Ohne Anwesen nun mal kein Ansehen, sagte Anselm, als Gruseln seinem Ahnen zu Ohren gekommen war. Es war Anselm! Der mit den Amseln (schon wieder ein Tier) das Ansehen in seinem Anwesen verband.

Achtung!...

Es muss drauf hingewiesen werden, dass alle Prosa-Texte, die ein Tier enthalten, vom Schiff verwiesen werden müssen! Wir sitzen nicht mehr länger mit Tieren in einem Boot! Das ist nicht unser Gott! Wir haben die weiße Rasse als Schöpfer und nicht die Tiere! Verlasst so schnell wie möglich die Kantine! Wir gehen wieder auf Tauschstation, wie es der Marine gebührt. Im Löffel der Eingeweide! Im Boot der weißen Macht, habt Acht!!!

Tauschstation...

ist das Synonym für Waschsalon. Im Waschsalon wird solange gesessen, bis der Macht die Nadel reißt. Im Streifen der Nacht, sozusagen. Im Boulevard der alten Plattenspieler. Gesöcks, das versucht, das Gesäumte zu entlasten, wird vermasst. Der Mast der Einheit weht voran. Dem Vermasseln ist der Sinn aus den Leuchten genommen worden, wodurch die Segel gehisst werden können. Ist das ein Theater. Der inbrünstige Wahlhengst soll ersteigert werden. Welche Lust. Da kommt einem doch glatt das Mittelalterliche in den Rachen.

Der Meister...

kann natürlich wieder nicht schlafen, weil er seine gestreiften Socken in der Eile der Nacht – ummachtet wie er damals wohl gewesen war – nicht zu finden gedachte, als auch die Wachtel ständig damit beschäftigt war, auf und ab zu gehen. Wie wenn auf und ab gehen die ganze Sache gerettet hätte oder auch nur ein fettes Haar in der dünnen Suppe gelassen hätte. Da musst Du schon früher aufstehen. Als der Führer den Mast noch selbst gehisst hatte, in der Glut der Morgenröte. Da war der Bambus noch hohl, im Geschöpf seines Ansehens.

Was die Kosmetikindustrie...

auch zu diesem Zeitpunkt noch nicht gewusst hatte, war *das* über die Eitelkeit der Macht, was durch die Macht der Eitelkeit verhindert worden war. Das kam ihr zugute. Ihren vielen kleinen Rechenschiebern, die anschoben. Anschieben ist die Korruption, die die Erderruptionen zu vernadern suchen. Es war also nicht Anselm in seinem Anwesen. Es war seine Eitelkeit im Erbrechen der Macht. Eitel währt am längsten, was eitel sich vermacht.

Vernaschen...

könnte ich mich lassen am Naschmarkt, so dröhnte die Musik aus einem ein-Jahrhundert-alten Radio. Als Satre noch vorbeikam, um über seine Lust bei der Ausbeutung der Beauvoir zu berichten, hatte die Beauvoir ihre Leser schon hunderte Male mehr ausgebeutet als er das in seinen kühnsten Träumen nicht zu erhoffen gewagt hatte. Der Künste Träume hatte ihm den Blick auf seinen Schlaf verstellt. Am Naschmarkt. Jean Paul hatte in einer der Buden Unterschlupf gefunden. Andrew war nämlich angekündigt worden. Jean Paul wollte der Beauvoir den goldenen Löffel für die Erfindung der rudimentalen* Ausbeute überreichen. Das hatte zuvor noch niemand geschafft. Die Ausbeutung der Beutel. So ein

Beutel, dieses Tier. Hat man dem denn keinen Benimm beigebracht, am Naschmarkt, wo es nur so wimmelt von Beuteltieren. Hat man so was...?

Der dampft in allen Gassen...

Mit allen Gasen ist der gewaschen, der hat ja nicht mehr alle Tasten im Schrank, dem ist eine Schraube vom Hocker gefallen, und dann hat er sie nicht mehr finden können, stattdessen hat er sich Pappe an die Stelle der Schraube eingesetzt. Als moderne Form eines Chips. Leuchten durch Mangel an Beweisen. Fehlt es hier, mach es nicht wieder wett. Die Wette gilt, dass das von selbst geht. Hilf Dir selbst, so bist Du marott. Und das ist immer noch besser als das Schafott. Da gilt es doch, andere Saiten aufzuziehen, sonst beginnt wieder der Tanz um die Resonanz. Oder ich gehe die Agathe holen. Wie Du willst.

In einer kleinen Gasse...

da seh ich ein Weh-weh. Es hat vor lauter Purpur ein Mäntlein um. Sag´, was ist Dir mein Kleines, sag´ mir, warum bist Du so dumm. Das Röslein steht im Walde, es ist verkehrt herum. Drum sage ich

Dir eines, in diesem Sing Sam Sum. Im Einer-l-eins des Sanskrit, im Eierlein des Eimer-eins: Die kratzen Dir die Hose um! Drum grabe jetzt nicht weiter, der Eiter der Strasse wird kommen. Einer allein kann mehr als ein Eimer daheim. Einer allein kann mehr als ein Eimer daheim. Mach´ mir die Räuberleiter und ich helfe Dir auf aus Deinem Morast. Dort, wo das Glück der Armen noch nicht unter die Bettdecke des Nagelbettes gekrochen ist. Der Eimer daheim sagt das, was der Bodensatz des Seins im Kaffeesud ist: Es ist das Glück der Armen, das es zu beschwören gilt.

Mes dames et messieurs,

wir haben uns heute hier versammelt, um den Erfinder des Geldes zu zelebrieren. Hat er uns doch (eine Sie war´s ja sicher nicht, diese Spur brauchen wir also gar nicht erst weiter zu verfolgen) die ganze Lachhaftigkeit des Seins unter der Kreuzigung seiner Male zur Mahlzeit gereicht. In weißem Gewande, mit Gurkerl saniert. Nous sommes (wir sind) das Vermächtnis unser Chromosomen, die nur mehr auf die Chips der Neuzeit hören, diese kleinen, golden oder silber glänzenden Chips. Es ist ein Meisterwerk der Narretei.

[*Achtung! Druckfehler! Seite 054* _↓]

In diesem Sinne möchte ich verlautbaren,...

dass die Höcker der Dromedare fortan geschliffen werden müssen. Es ist von nun an untersagt, dem Dromedar unter den Höcker zu schaun. Wenn es zwei sind, dann ist darüber Schweigen zu halten. Die offizielle Wahrheit ist, dass ein Dromedar einen Höcker zu haben hat. Eiwei! Im Sommer des Regens. In der Nacht des Plauderns, der Liebe und des Schwatzens. Schmatz nicht so laut, sonst zeigt sich die Höckrigkeit des zweiten, den es nicht gibt. Ob das Dromedar ein Männchen oder ein Weibchen ist, das wissen wir nicht. Und wir wollen es auch nicht wissen. Wo kämen wir da hin? GE-SCHLECHT. Es geht schlecht. Geschlecht ist die Kurzform für 'es geht schlecht'. Dem Geschlecht geht es nicht gut im Kapitalismus. Es sei denn in der Peripherie, da kann man sich ja so einiges kaufen. Beim Kaufen eines GE-SCHLECHTS muss es einem ja nicht schlecht gehen.

Wenn man...

das Geschlecht außer Gefecht setzt, muss man sich schlachten lassen oder geschlachtet werden. Häuten bräunt die Haut. Räunen* räudigt den Hund. So sagt man zumindest. Da Räunen den Hund räudigt (ver ist der Ervinder dieser goggverlurchten Spreche?) ist von der Schlachtung insofern Abstand zu halten, als die Bettdecke dabei aufschreien kann. Also: Decke das Bett nicht mit Tasten, die Du nicht im Schrank hast. Das kann ans Auge reichen und in die Wässer gehen. Diesmal aber gut.

Gut geht's mir noch lange nicht...

wenn jemand sein Geschlecht erbricht. Die Selchung eines Körperteils kann böse enden. Einem geselchten Gaul, schaut man nicht ins Maul. Auch seine Zunge isst man nicht. So die Worte des glücklichen Hans, der das Wort Armut aus seinem brechverhebelten Zwinger gesperrt hat. Anmut ist das Zeichen.

Wenn Du mir ein Zeichen gibst...

sind wir wieder gut. Bis eben einem von beiden schlecht wird. Bis einer von beiden zum Geschlecht wird. Wenn Du nicht bald ruhig bist, werde ich zum Geh-schlecht (für Dich). Schlecht gegangen ist bald wer. In einem Korsett oder ohne. In einem Himmelsbett mit Korsett. Nicht am Klosett, nein und auch ohne Bajonett. Auf dass es Dir ge-schlecht ergehe und Du Deinen Wannst in der Wanne nicht mehr finden kannst. Das sind die geh-schlecht geschlechteten Worte des Einerl-eins. Im Eimer die Nummer Eins.

Das Wortspiel...

das Wortspiel ist im Wort-viel nicht zu finden. Das Wortspiel ist im Wort des Ortes mit dem wörterhaften Namen zu besamen. Eine Besamung hier, eine Besamung dort, ein wahrhaft ulkiger Volkssport. "Ulkig", sagte die Mama und blieb da. Ich weiß bis heute nicht, was an einer Besamung ulkig sein soll. Wahrscheinlich meinte sie wohl "unklug". Also reimte ich es mir später zusammen, dass es wohl so geheißen haben muss: Unklug ist es, ulkig den Samen des Namens zu erahnen.

Insofern hatte sich ja dann doch einiges verändert...

Veränderung ist der Erfolg der Innovation. Das mag simpel klingen. Ist es auch, das ist der SIMPLICISsIMUS praekox. Oder auch das so genannte Zufrüh-Kommen der Manager. Ein Manager kommt zu früh. Kommt ja nicht von ungefähr. Ist es doch das Zeichen für einen hohen Macho-Grad. Und diese Maßeinheit wurde nicht einmal von den feministischen ÄrztInnen erfunden. Die stammen aus den Selbsthilfegruppen der Manager selbst. Und diese haben das nicht nur einmal erfunden. MANAGERE hat sich ja auch ursprünglich aus dem MAMA AGERE entwickelt, das heißt, "Mama, mach Du das". Das ist die Spätform von "der Papa wird´s schon richten".

Das Dumme war...

allerdings, dass der solche Werkzeuge in seiner Werkzeugtasche noch nicht gehabt zu haben hatte. Das hat sich dann erst später aus der späten BAUHAUS Bewegung ergeben. Die späte Bauhaus Bewegung ist die, die mit Gunar Spät das Anwesen der Frankfurter Küche nicht und nicht begreifen konnte, weshalb der dann wiederum eine Selbsthilfegruppe für präjakulative* Menstruation ins Leben rief, was ihm aber wiederum im pornographischen Milieu keinen guten Namen einbrachte. Dem Lothar hätten wir´s zu verzeihen gewusst aber nicht dem Gunar. Die Zeit als der Dinar noch voll am Laufen war, ich sage Euch, da gab es kein Zufrüh oder Zuspät, da hat man reingefickt, wo man eine raunzige Muschi am Wegesrand gefunden hat. Artillerie im Hintergrund. Zur Erleichterung hatte man sich gerade daran gemacht, jedem Mannes Pimpf kleine stählerne Würstchen zur Seite zu stellen. Und das auf Krankenkasse. Was das für eine ständige Belastung ist! Für die Männer.

Ohne das stählerne Würstchen. Und erst für die Krankenkassa gewesen wäre. Offensichtlich war ihnen dann doch die Gesundheit der Männer kein Anliegen. Und schließlich möchte man sich einen geringen Grad an Macho-ismus doch noch erhalten. Das wäre doch traurig. Aber jetzt hat sich das alles ja mit der liberalisierten Ansicht des Bambusrohres wohl doch wieder völlig erübrigt.

Es ist die Liberalisierung der macho-istischen Märkte...

Angenommen die Konkurrenz verschärft die angebotene Qualität des Marktes. Angenommen, das stimmt. Und angenommen, der Kapitalist schläft nicht. Wenn wir also die machistischen Märkte liberalisieren, dann müsste sich dann doch der stärkste, schnellste und schönste Macho besser durchsetzen können. Und schneller. Und das alles ohne Regelung. Das wäre ein Traum. Der Macho regelt sich von selbst. Ganz ohne Mama sozusagen. Das wäre nicht auszuhalten. Und der Staat müsste dafür auch nichts bezahlen. Es wäre wie das Gelbe vom Ei. Einer-l-Ei. Wie schon gesagt.

Man bräuchte...

a) keine Besamungsstationen mehr,
b) keine unwilligen Dirnen,
c) kein Rascheln im Gebüsch und
d) keine graue Maus mehr.

Was man dann aber verstärkt den Kirchen auftragen müsste...

wäre ein freiwilliges, potentielles Errichten von Banken. Banken der Weiblichkeit und der Wärme. Banken der Liebe und der Kraft. Banken der Einheit und des Glaubens. Banken des Werkens und des Wollens. Banken der Liebe und der Lust. Banken der nicht zerstörten und verkörkelnden Penise. Banken des Wirkens und des Jauchzens. Banken der Macht, sich zu wehren und Banken der Fastnacht.

Natürlich wäre...

dann auch die Nachfrage nach solchen Dienstleistungen größer. Eh´ klar. Wo Mangel ist, ist große Nachfrage. So die Worte des

Herrn. Dann wäre es auch kein Problem, jedwede Bankenart zu errichten. Die würden sich quasi von selbst errichten. Die Regelungen für Machos raus und die Banken wie von selbst rein. Die perfekte Inthronisation. Und das ganz so wie bei der intra-uterinen Manipulation. Ei raus, Samen her, Ei rein. Ein Hoch der liberalisierten Manipulation. Befruchte Dich frei. Der Kapitalismus als die Fassade des Samens. Fassadierte und bombardierte Samen. Ei raus, Samen her, Ei rein. Fassadierte und bombardierte Fässer. Ein Gösser*! Keiner heilt besser, ist es doch die lange Nacht des Schwanzens, des Schwarz-Malens und der Kunst. Wenn Reinhart mit dem Bernhard nicht so lange geredet hätte, wäre der Bernhard mit dem Reinhart auch wieder ins Reine gekommen. Aber so musste die ganze Zeit genippelt werden. An der Gurke des Grauens. Lipperich*!

Es ist wie Helenas Kampf um die Brautjungfer...

Helena hatte sich gegen die Ägypter verschworen. Das wiederum war dem Messieur X auf der Strasse der gelben Seine ganz und gar nicht am Arsch vorbeigegangen. So hatte dieser, wiederum in selbiger Eintracht mit der Koralle ein Schiff erbauen lassen, das sich mit dem Potemkin´schen Dorfe messen konnte. Poseidon, der Gott des Machos erhob sich und wurde fuchsteufelswild. In Wirklichkeit war derweil die Kunde ausgegangen, dass Helena in ihrer xantippenhaften Art nur über die Tatsache ihrer nymphomanischen Neigung hinwegzutäuschen versuchte. Also alles nur Show. Aber der Gott des Machos hatte eben einmal die Hosen nicht anhaben dürfen. Das hat ihn erzürnt, das ist doch logisch. Du musst Dich mal in ihn hineindenken. Sonst verstehst Du das nicht. Gut, also nachdem die ganze Schose gelaufen war, hinderte niemand den Kletterer an seinem Plan, den Louvre bei helllichtem Tag auszuräumen. So nach dem Motto, was Du nicht willst, das man Dir tu, das füg´ auch keiner andern Sau.

Mit Lug´ und Recht ist es da zugegangen...

Wer mit Fug und Recht behaupten will, dass das so nicht weitergehen kann, der irrt sich gewaltig. Dazu muss nur einmal im Pschyrembel der guten Eigenschaften nachgesehen werden. Dort steht auf Seite drei ganz groß: Das Verlassen des Schiffes ist unter diesen Umständen versagt. Was dort nicht steht, ist, wie man die Regelungen in eine liberalisierte Fassung überführen kann, sodass es sich von selbst regelt, wer das Schiff verlässt oder nicht. Das ist alles eine Frage der HORGANISATION. Horganisation kommt von den Hormonen und heißt, es ist es der Organisation durch die

Hormone Folge zu leisten. Hormonelle Regelung auf einem ungeregelten Markt. Das Macht Eins.

Macht Sieben Mäuse, wenn...

ich Dir erkläre, was Macho-ismus bedeutet. Die Macho-istik ist (von Frauen aus gesehen, da weiblich) die Lehre vom Macho in seiner reinen Form. Dieser kommt in seiner reinen Form, ganz unverhohlen sozusagen, vor allem auf macho-istischer Ebene vor. Man könnte auch sagen, die Ebene der Geschäftsleitung (je größer-desto). Dort ist dieses Tier vornehmlich zu Hause, das sag´ ich Dir. Du kannst das dort *jederzeit* beobachten. Natürlich: Sag´s niemandem weiter (weil das weiß eh´* a* scho´* jeder). Macho schreibt man außerdem 'Matscho'. Das hat was mit Letscho (das ist das mit dem Paprika und der Tomate) zu tun. Nicht zu verwechseln mit der Gurke. Es ist eben nicht einzusehen, warum das vom lateinisch-Spanischen nicht auch ins jugoslawische Balkandeutsch übertragen werden sollte.

und es ist nicht die Rose, es ist auch nicht das Ei. Eier nach Athen tragen. Nehmen wir an, die liberalisierten Banken (die vornehmlich von der katholischen Kirche errichtet werden sollten, ich könnte mir nicht vorstellen, wer das sonst zuwege bringen könnte) beginnen mit ihren Geschäften. Zum Beispiel die Bank der Einheit und des Glaubens. Sie verkauft Aktien. Natürlich kann auch damit jede Menge spekuliert werden. Auch die Währung ist dieselbe, natürlich. In dieser Währung kann man in Währing aber nicht bezahlen. Währing (ein Stadtteil von Wien) ist nämlich anders. In Währing gibt es nur eine Macht und das ist die der Bank (der Liebe und der Lust). So: Wie können also die Währungen der beiden Banken ausgetauscht werden? Wie kann man überhaupt in diese Banken etwas einlegen? Was kostet das und was bringt das? Kann ich da auch ein Ei aus der Legebatterie einlegen? Vermehren sich die dann und wie sieht der Käufer aus? Wie gesagt, die weibliche Form ist auch hier nicht erwünscht (was die Schweiz kann, können wir schon lange, das wär´ doch gelacht: 'Käuferinnen', das muss erst durch ein Referendum eingebracht werden).

sind nicht leicht zu erarbeiten, sind sie doch das Herzstück des panarabischen Sozialismus, pardon des PIN-arabischen Sozialismus. Da das Wort Sozialismus heutzutage niemand mehr versteht und das in zunehmendem Maße auch nicht mehr verstanden werden wird, gilt es dieses Wort durch das Wort der zeitgenössischen Wahl zu ersetzten. Z.B. PIN-ialismus, da ist der PIN-code in zentralerer Stellung. Das muss schließlich auch unser Ansinnen sein. Also im panarabischen Pinialismus ist davon auszugehen, dass die Bank sich als Institution

1. durchgesetzt hat und
2. es nichts mehr anderes gibt.

Wenn Sie also ihr Ei in den Eisschrank* legen, wissen sie, dass es sich dadurch nicht mehr vermehren oder auch seiner Menge nach gleich bleiben kann, sondern das es dabei seinen Wert verliert. (Da das Wort Ei eigenartigerweise nicht weiblich ist, heißt es in diesem Fall das, sonst würde es nämlich 'die Ei' heißen). Seinen Wert verliert es dabei ganz unabhängig von der Qualität Ihres Eisschranks* oder auch Gefrierschranks (wie das unser Nachbarland Bayern zu sagen pflegt und größere Länder als die unserer Größe lehnen wir natürlich ab).

Aber versuchen wir, nicht abzuschweifen...

und lassen wir die geographischen Seitenhiebe beiseite. Wenn wir also die Menge X in der Bank Y eingelegt haben, und nach einem Jahr dort wieder vorbeikommen, sehen wir, dass es sich vermehrt hat. Die Art der Vermehrung diktiert der liberalisierte (Banken-) Markt. Es ist nicht so, dass die Bank aus X-Chromosomen in der Zwischenzeit Y-Chromosomen erzeugt hat, das kann die Bank nicht. Sie kann nur aus einem X-Chromosom ein X´ Chromosom erzeugen. Also aufpassen, was da eingelegt wird! Natürlich ist in der Zwischenzeit mehr daraus geworden, als es in Ihrem heimeigenen Eisschrank geworden wäre. Was wir darüber zunächst sagen können, ist, dass dieser Bankenmarkt (NICHT: BAUERN-MARKT!), wie er sich zunehmend bei uns ausbreitet, eine hochsensible Sache ist. Nehmen wir an, wir legen einen Kupferdraht ein. Was wird dann passieren? In der Bank der Liebe und der Lust? Wird dieser Kupferdraht dabei zu Messing oder beginnen da kleine Liebeselektronen durchzulaufen? Kann es mit der reinen Naturwissenschaft oder auch mit balkanesischem Latein verstanden werden?

Und nehmen wir an,...

dass Sokrates nicht mehr vorbeikommen kann, um ein Ei einzulegen oder einen Kupferdraht. Ist es ihm trotzdem möglich, seine Präsenz zu erhalten? Wie lautet der erste Präsenz-Erhaltungssatz in der Physik? Präsenz kann nicht verloren gehen. Richtig. Wenn es also eine Präsenz der Bank gibt, kann diese nicht mehr verloren gehen. Nie und nimmer. Au weia. Und die Lösung liegt eben in der Bildung neuer Banken. Nicht zurück, sondern vorwärts ist zu diskutieren.

Wie kann also das neue Bankwesen installiert werden?...

Dabei ist am besten bei den Samenbanken Anleihe zu nehmen. Das ist eine Form, in der der Macho in seiner Reinform den größten Spielraum hat. Darum wird sich diese Bank – in einem liberalisierten Markt, versteht sich – am besten duplizieren. Klonartig duplizieren. Dabei ist auf die Einhaltung der Mast-Nicht-Kriterien zu achten. Kupferdrähte, die in der Bank der Liebe und der Lust eingelegt werden, dürfen vorher nicht gemästet werden. Sonst besteht die Gefahr einer Verwechslung. Die Eindeutigkeit der Einlage muss gewährleistet sein!

Bei der Aufstellung von Regeln...

wende man sich gen Brüssel. Wenn der Regelwind günstig steht, kann eine neue Regel verabschiedet werden. Das ist der Gral der Macht. 753 ist der Code der Macht. So sagte es schon Kolumbus. Man kann sich bei dieser Geschichte auch eine gute Scheibe abschneiden, wenn es um die Errichtung dieser neuen Bankform geht. Das ist nicht einfach einzustaffieren. Die Einstaffierung bedeutet den Klan. Und der Klan bestimmt die Kaste. IKEA hat damit eigentlich nichts zu tun. Obwohl! Diese neue Bankform soll fest in der jeweiligen Klasse verankert sein. Das hätte auch Marx so gewollt. Es kann dann nicht mehr jeder in der Bank der Liebe und der Lust einen Kupferdraht einlegen. Das wäre geradezu abscheulich. Dieser Beliebigkeit muss ein Ende bereitet werden.

In der Bank des Wirkens und des Werkens...

geht es darum, sich einen Wechsel ausstellen zu lassen. Dieser Wechsel besagt, wann die Führung zu wechseln hat. Als Gegenleistung errichtet die Bank einen eigenen Staat. Ich gebe Dir die alte Führung und bekomme einen neuen, kleinen Staat heraus. Nach dem Motto: Wir backen die Brötchen und dafür rationalisieren wir Dich weg. Die Einlage kann erhöht werden.

Auch wenn wir diesen Vorgang...

mikroskopieren, steht bei dieser Gleichung immer wieder dasselbe: Legst Du was ein, rationalisieren wir Dich weg. Du als Person bist ja schließlich wertlos geworden. Die einzige Chance, die Du hast, ist, Dich selbst einzulegen und mit freudigen Augen zu beobachten, wie Dein Wert nicht stärker als die Inflation zu sinken beginnt. Das lässt sich natürlich auch auf das Steckenpferd der bürgerlichen Parteien übertragen: Die menschliche Leistung. Es ist darunter nicht etwa das Ei-Leiter-Produktionspotential zu verstehen. Oder die Erzeugung von Kupferdrähten. Nein! Die menschliche Leistung ist die Essenz des Guten und als solche nicht mehr zu vermasseln, es sei denn, es steht kein Geld dahinter. Auf Geld zu bauen, heißt nicht, den Kopf in den Sand zu stecken. So orakelt es aus Delphi.

Das bedeutet aber nicht,...

dass der Fisch vom Kopf her stinkt, weil das Orakel nämlich am Festland steht. Und das eine ganze Ecke vom Meer entfernt ist. Und da leben sie nämlich, die Fische. Auch Wanda war drauf aus, sich von Wachteln zu ernähren. Da ist nichts Böses dabei. Und die schwulen Priesterinnen sind ja auch da. No, da ist doch dann alles wieder in bester Ordnung!?

Wenn das Ei nicht zum Kolumbus kommt,...

muss die Eule nach Athen wandern. Fernsicht bei Nacht, sozusagen. Oder das Gelbe vom Ei in der schwarzen Milch des Magens. Und dabei ist der Ei-Leiter der mittelalterlichen Eiterbeule um nichts überlegen. Im Gegenteil. Es ist die magische Kraft der Eiterbeule, die so mancher Bank die Richtung weist. Und sie beruft sich dabei nicht einmal auf das Orakel von Delphi. Es ist der Pakt des Grauens. In Pakistan.

Achtung!...

Bei einer weiteren Verwendung des Wortes 'Ei' werden die Schiffsluken verstopft und der Verstopfung die Behandlung mit weiteren Feigen untersagt. Die Ergrauung unter der Wortherrschaft mit dem Namen 'Ei' oder 'Ei-Leiter' oder 'L-Ei' oder 'Reines Ei einschenken', usw. wird jetzt der Riegel vorgeschoben. Hopp oder Pott, das ist hier die Frage auf der 2. Etage. Allen Spermalbädern wird der Riegel vorgeschoben und von nun an der Kampf angesagt. Die Samenbank in Währing wird zugesperrt. Alle Vorrichtungen und Vorkehrungen werden verbrannt. Es wird empfohlen, erst nachher zu kehren (=Nachkehrung). Zuwiderhandlungen werden mit einer Entnahme der Eierstöcke, der Hoden, der Eileiter, der

Prostata, usw. bestraft. Auch wird ein weiterer Besuch des Rauchfangkehrers strengstens untersagt. (Was mit diesen 'Naturalien' dann weiter passiert, ist der Geschäftsordnung 13478z zu entnehmen.)

Das Vögeln bekommt den Vögeln so gut...

Wenn ich ein Vöglein wär, Vöglein wär, wer mir das Herz nicht so schwer, Herz nicht so schwer. So sangen wir in der Volkschule. Nicht. Auch nicht im Gymnasium. Kann es sein, dass uns die vorige Generation was verschwiegen hat. Dass sie da etwas nicht kennen und daher auch nichts können auf diesem Gebiet und daher uns doch somit nichts verschwiegen haben? Kann es sein, dass die jetzige Generation da auch was nicht viel besser kann? Wer bestimmt den Null-Punkt.... Und den G-Punkt.

Wenn ich eine Frau wär,...

nimmermehr wäre es mir möglich, ein Macho zu sein. Nur eine 'Machin', mit der dazu gehörigen Lehre des 'Machinismus'. "Oh when the saints go marchin in...", das haben die Transvestiten schon seit jeher gewusst. Aber denen hat ja wieder mal niemand geglaubt. Man glaubt einfach heutzutage nicht mehr. Hier würde ich den Aufbau der Bank der Liebe und Lust ganz eindeutig der Kirche entziehen. Tschuldigung, das war´n Fehler. Kann passieren. Es kann passieren. Es kann passiert werden! Durch das Nudel- oder Obst- oder Was-Auch-Immer-Sieb. Was wollen sie eigentlich den Transvestiten noch streitig machen. Ihre bessere Einsicht in die Geschlechtswelt, oder was? Nicht jeder Goldgräber findet was, das war ausgemacht. Also halt die Klappe, Mann! Schreibt man jetzt Mann mit einem oder mit zwei 'n'. Ist das das deutsche 'mannhaft' oder das eher englische 'man-haft'. Man tut dies, man tut jenes. Eine Abart von der Soll-haft. Die Sollhaft gibt an, was der Manager und Politiker nicht tut, aber von den anderen verlangt. Das ist die perfekte Umkehrung. Wenn also so jemand sagt, tue dies, weißt Du ganz genau, *er* tut dies sicher nicht, sondern eher das oder jenes. Hier herrschen die Regeln der Projektion. Freud im Bankengeschäft. Freud in der Politik. Freud.

Die neue Sprachregel...

besagt somit: Lege der Projektion ein (!!) Ei. Direkt auf den Teppich. Freud goes politics. Wurde ja auch höchste Zeit. Früher dachte ich immer, ich werde durchschaut. Es ist die Durchsauung der eigenen Person, die dem anderen den Pimmel hinhält. Auf dass dieser sich verziehe. Da gibt es kein Verzeihen. Das lasse Dir gesagt sein, von einem alten Projektionsveteran. Nummer 1: Werde wie Gott. Nummer 2: Halte Abstand, weil Du bist ja nicht wie Gott. Nummer 3: Gut kannst Du erst sein, wenn Du oben bist. Nummer 4: Oben kann auf keinen Fall unten sein.

Solltest Du irgendwie nicht nach oben kommen,...

dann liegt das einfach daran, dass Du Dich zu weit unten befindest. Damit ist jetzt nicht die Organwelt, die Leber oder die Weichteile oder so gemeint. Damit ist Deine Klasse gemeint. Das ist ja Klasse! Die hat auch Kasse, wenn Du Glück hast und das nicht zu wenig! Jasomirgotthelfe, wenn nicht.

Manner* *mag man eben,,*

das wusste schon der Stephansturm. Damals, als noch die alten, roten Straßenbahnen ihren Weg durch ihresgleichen suchen mussten. Es war die Kumpanei, die auf ihren Wegen niemals strauchelte. Es war das Leben, das seine Liebe im Glas der Leber immer an den Regeln der aristokratie-bezogenen Reproduktion ausrichtete. Sicher, das ist ein Allgemeinplatz. In der Wiener oder in der österreichischen Historie. Aber nicht nur dort. Habsburg hatte seine krummen Nasen auch immer schon in alles reinstecken müssen. Und das ganz parasexuell. Oder panallistisch. Oder schlicht und einfach phallisch (wo die Ordnung der rechten Schreibe vergessen hat, ein 'f' am Anfang zu verschreiben. 'F' wie Fahrenheit α.).

Komm´ rein und mach die Tür zu,...

sagte die Muschi zu ihrem Prinz, noch bevor sie in der Manier einer Gottesanbeterin dem Prinzen den Kopf abgefressen hatte. Komm´ rein, mach die Tür zu und mach´ schnell. Es wird prostituiert, dass die Kastrationsangst der Männer abnehmen wird. Das ist die Regel der Vergewaltigung. Vergewaltiger haben keine Angst vor der Kastration. So die Rede der Prostitution. Der Mann prostituiert sich beim Vergewaltigen. Damit nimmt er die Regel der Prostitution vorweg, allerdings unter der Mitnahme von Kokain. Es ist aber wiederum diese Form der latenten Prostitution, die besagt, dass die Pimmelgrößen einer Inflation unterlägen. Einmal ehrlich. Hättest Du gedacht, dass diese Maße auf demokratische Weise zustande kommen. Du jammerläppische Erscheinung! Mach´ die Tür zu und mach´ schnell.

Reich war nicht reich geworden,...

als er Freud mit der Theorie des Charakterpanzers beglücken wollte. Reich war er nur an reinen Theorien, die dieses Gebäude sehr wohl zu untermauern wussten. Was Reich aber nicht wusste, war, dass das ganze verluderte und vermaledeite Anwesen aus dem Ansehen der Mutter Theresa stammt, nein, pardon, es war das Aussehen der Mutter Theresia (von Hügelhaufen) auf ihrem wahrhaft stattlichen Stuhl vor dem Museum. Radebrechen* könnte man darüber geradezu. Radebrechen, diese Semmel* der Gewalt.

Stör ihn nicht,...

der schreibt sich eins, damit er sich später eins lachen kann. Der Politiker schreibt sich seine Gesetze, damit er dann zum Bürger sagen kann 'So gehst Du mir nicht auf die Strasse'. Ihm sollst Du nicht auf die Strasse gehen, damit dieser seine Strasse besser selber betreten kann. Was gibt es Schöneres auf Erden als Politiker zu werden. Stör ihn nicht, der schreibt sich eins, damit er sich später eins in seine Faust lachen kann. Hand oder Leben. Hand auf die Kerze. Die Bettdecke will gewartet werden. Sonst eitert wieder das Nagelbett. Mit einem Brett vor´m Kopf lebt sich`s länger. Leber oder Leiden. Entscheide Deinen Segen.

Trink doch lieber ein Bier,...

und zerbrich´ Dir nicht ständig den Kopf über das Haschisch, sagte die Mutter der protektionistischen Porzellankaste. Es handelt sich um Hanf und Hanf ist eine chinesische Pflanze, weshalb sie von den Europäern nicht zugelassen werden kann. Das ist doch logisch. Die gelbe Gefahr. Im Eimer wäre dann unsere Kultur, das ist nur das, was wir nicht wollen, weil wir´s den Griechen und den Römern, im ständigen Verschönern, bereits vermacht haben und den Türken, die werden auch kommen. So ist es mit dem Versteigern. Ach, es ist uns einerlei. Deswegen können wir´s nicht lassen, das mit dem Vergrämen der kranken Seelen. Gebt Ihnen kein Haschisch!

Auch Renoir hätte sich da nicht mehr zu helfen gewusst...

Wenn jemand sagt, "Nur ein roter Indianer, ist ein guter Indianer", oder "Wer anderen einen Grube gräbt, ist selbst das Lamm" oder "War es nicht Karl der 1., der die Heiligkeit der Masse verdient, die er nicht selbst in seinem Kamin hätte innewohnen lassen können" oder "Warum ist es nicht Gott, der all die Gräueltaten, nicht erfunden haben soll", dann braucht er dringend ein Aspirin. Eines von der alten Sorte. Die hat noch dieselbe Wirkung einer Torte, aus der man sich auch ein Stück herausschneiden kann. Bei den neuen Medikamenten besteht Verdunkelungsgefahr. Eine Verdunklung der Seele kann nicht mehr ausgeschlossen werden, so heißt es auf so manchem Beipacktext.

Es sind die Hormone...

und die Proletarier, die uns das Leben auf unserem Planeten hier verdüstern. Das wussten schon Nastassja Lindgren und Ferdinand Waldbrunn. Und: Als Ottilie die Lilie in der Mammographie vergaß, war was los auf´m Gschnas*. Nicht, dass der Leberkäse auch ohne sie gesunken wär. Das hat sie gewusst wie kein anderer. Frauenhandel, Markenhandel, Zungenhandel, Plunder. Erneuere Deine Schihose im Kampf um den Astronautenanzug. Die Astronautendevise: Wer schwebt, kann nicht fallen und wer nicht fällt, kann keine Aktie sein. Wer die Aktie portioniert lebt länger.

Was unterscheidet die Polithexe von der Politesse?

1. Was ist eine Polithexe? 2. Die Politesse kennen wir: Beide können zwischen Sahne und Streusel nicht unterscheiden (aus dieser Menge können Sie sich nun die Menge aller Polithexen

errechnen). Nach ihren Gleichungen, Ableitungen, Umleitungen und Einläufen werden sie glasklar erkennen, was eine Polithexe nicht sein kann. Ich schlage übrigens vor, der deutschen Sprache insofern ein Schnäppchen zu schlagen, indem wir aus dem Wort Polithexe das Wort Politexe machen, das ist geläufiger und kann somit auch als Vorstufe für mathematische Operationen besser verwendet werden. Schließlich steht bei der Mathematik ja immer die Umwandelbarkeit einer unwandelbar geglaubten Substanz im Vordergrund. Aber ohne Ihnen jetzt schon einen weiteren Hinweis geben zu wollen, der Unterschied von Politexe ist natürlich schon brückenhaft zum Wort der Politesse verschmort, sodass das Beispiel nicht mehr sehr schwer zu lösen sein dürfte (weitere Termumformungen: Politexxe, Politerxe, politmorfographisch [hier handelt es sich noch um einen kleinen mathematischen Trick, den ich Ihnen auf jeden Fall noch verraten muss: je länger die Zwischenstufen {bei der Transformation}, desto geringer die Wahrscheinlichkeit eines allseitigen Folgens oder gar Überprüfens]!).

Was die Männer auf jeden Fall befürchten müssen,...

ist der zu erwartende Trainingseffekt, der sich auch bei der Weiblichkeit mitunter viel schneller und leichter einstellen soll (dass auch Frauen Auto fahren können, dürfte ich als schon gegeben voraussetzen, dass hat ja nicht zuletzt die Männerforschergruppe 'der gelbe Schwan' mit beneidenswerter Schärfe demonstriert und vorexerziert). Es ist Ihnen leider nicht zu helfen, die Männer haben die Hosen voll, vor lauter Kastration. Männliche Kasuistik errechnet den Gau zwar, aber das reicht eben nicht. Weil der Orgasmus der Frau noch nicht berechnet werden kann. Ihr muskulatives Gewand ist nicht ausreichend bekannt. Das kann 1. daran liegen, dass die Träger der Hose nicht gut genug fixiert worden sind, oder 2. die Träger zu häufig gewechselt werden, was insgesamt morphologisch einen Spezialeffekt zeitigen soll, oder, dass 3. das backhand zu sehr trainiert wurde, was zu einer rückseitigen Verschiebung des Trigeminus septus und des Quadronius integra in leicht innominaler Größenordnung führt; die längerfristig dann doch zu Buche schlägt.

Lassen Sie vorerst die Katze...

nicht aus dem Sack und das Bambusröhrchen stecken. Es hat schon zuviel Wirbel darum gegeben. Nicht noch so was. Bitte Nicht! Wenn das passiert, verliere ich meine Konzession bei den Banken der Weiblichkeit und der Wärme, in der einige namhafte Transvestiten ihr Leben gelassen haben, um deren Aufbau voran zu treiben. Die Konzession war nicht leicht zu erwerben und überhaupt gibt es die Bank ja noch gar nicht. Ich habe gelogen, weil ich gelobe, den Männern der kommenden Generationen das Leben erleichtern zu wollen. Wenn es einen geregelten Einsatz bei diesen Banken gibt, lässt sich dieser Dienstleistungsbereich folgenlos für die kommenden Generationen hinüberretten. Sonst sehe ich schwarz. Schwarz vor den Augen und keine schwarze Milch. Das wäre eine Katastrophe!

Warum die Männer ihre Einsätze bei dieser Bank nicht erhöhen...

Das Problem besteht doch darin: Hätten die Männer diesen Bereich erfunden, wären sie dabei. Haben sie aber nicht. Also schließe ich messerscharf, was nicht sein kann, das nicht sein darf. In diesem Fall schlage ich folgende polit-ökomenische Therapie vor: Erstens sind Lernstellen für alle Männer eines Landes einzurichten. Zweitens sind diese Lehrstellen vornehmlich mit Frauen zu besetzen, da die ja auf diesem Gebiet die einzig kompetenten Personen sind. Drittens muss natürlich der Wettbewerb gewahrt bleiben, um die Personen der richtigen Wahl (die es den Männern rein psychosexuell am besten zu besorgen wissen) zu ermitteln. Die Finanzierung dieser Maßname trägt natürlich die Bank der

Weiblichkeit und der Wärme. Somit wäre dieser Bank dann eine Hure der Männer in Reinformat.

Herz beiseite,...

besser den Krach auf dem Dach als den Spatz in der eigenen Wohnung. Es gibt keine Taube im Sack, lassen Sie sich das gesagt sein, Herr Moser! Und mosern Sie nicht immer so einen Qualm daher, der im kleinen Finger immer nachhaltig zu rauschen beginnt, wie kommt da ein Finger dazu! Die 1. Stimme ist die des Erzählers, die 2. ist die des Beobachters, der beobachtet, was der Erzähler so erzählt. So die 1. psychodramatische Regel. Wer lauter furzt oder hadert, muss nicht gehört werden. Länger darf natürlich gefurzt oder gehadert werden, das ist die Ausnahme. Das ist die erste Ausnahme, die nunmehr die nicht mehr erste Regel bestätigt (die müssen nämlich zusammenverrechnet werden).

Das ist genau das,...

was der Texteditor zufällig auch verarbeiten kann. Der TEXTEDITOR ist ein Gerät, das vornehmlich nach technischen Gesichtspunkten konzipiert worden ist oder auch als der sog.

Techno-Konzipient bezeichnet wird. Dieser sog. od. auch Technokonzipient ist der Hilfssheriff und/oder der Erfüllungsgehilfe des Erzählers und des Beobachters. Ganz schön gefinkelt.

Natürlich...

muss dabei wieder eine Entscheidung getroffen werden zwischen leichtem Erzählen – schweren Erzählen – leichtem Beobachten und - schweren Beobachten. Das schwere Erzählen, ist z.B. die Übermittlung der Tatsache, dass die Kupferdrähte, die die Banken der Liebe und der Lust (die 1. Bank dieser Sorte war ja in Währing, wir erinnern uns?) in Umlauf gebracht hatten, nicht den Auflagen der minimalen Kupferdestillation entsprachen und diese sogar weit unterwanderten. Rein psychonotorisch ist das eine belanglose Sache, aber eben nicht agrarphilanthropisch* - essayistisch sozusagen im juridikalen Eck verlimmernd* - und eben nicht die ganze radikale dimokrati*-politische Erregung verlämmernd (und nicht bewerten).

Das ist die harte Erzählung. Weich kann natürlich auch erzählt werden, worauf wir im weiteren Schwall auch noch ein Häppchen abzuwerfen zu versuchen geneigt sein werden. Die harte Beobachtung hingegen muss versuchen, über diese Verlimmerung im juridikalen Eck hinweg, die anderen Erregungen der Augenbewegungen des Erzählers herauszudestillieren.

Nicht so die weiche Beobachtung, der die eher ganz unerregt über so manche Sache hinweg zu fegende Destination nicht untersagt ist, was beizeiten zuweilen auf Kosten der harten Beobachtung in dem Sinne geht, als sie den Hals vor dem Abend bei weitem zu früh zu loben geneigt ist. Loggen Sie sich also nicht zu früh ein!

Rinnomatent und rinnotorisch gedacht,*

müssten wir hier jetzt ganz dringend eine Pause einlegen. Pausen haben nichts mehr mit Rauchen zu tun, das hat ja die Kirche ganz retrograd und bei Bier und Brezl dem Karl dem I. zugeschrieben. Sie waren damit zwar im schwersten Widerspruch zum 3. zaristischen Konzil, es war aber aus wunder-tautologischen Gründen dann doch möglich gewesen, diese ganz unverschwanzte Sache durchzubringen. Das Exil der Pause hatte sich also ganz unverbraucht vom Exil des Rauchens abgelöst. D.h. es war damit nicht mehr in Zusammenhang zu bringen. Und das in jener gänzlichen Unverhohlenheit! Da hatte sich die Imbrezillität* dann wieder einmal ausgezahlt. Imbrezillität ist also keine Frage des Aussehens mehr, es kann damit ein Wettbewerbsvorteil erzielt werden, was das 3. zaristische Konzil ja eben erstmals retrograd bestätigen konnte. Wenn wir also in Hinkunft jemandem eine Grube graben, kann es sein, dass wir dafür ein paar Jahrhunderte später dafür eines auf die Nuss bekommen und sozusagen im Strassengraben verenden. Rein retroversiv ist dem ja nichts anzukreiden oder einzuverwenden.

Was viel schlimmer ist,...

ist vielmehr die Tatsache, dass die Nüsse im Herbst verbrannt werden müssen. So die neueste agrarphilanthropische Ansage. Das war das Ergebnis der letzten Studie der Bank des Wirkens und des Werkens. Am Wochenende und Feiertagen müssen die Nüsse verbrannt werden. Die Nüsse, die sich am Boden nach dem langen Regen der Nacht befinden. Wer die Nüsse, die sich noch im grünen Verhau der Natur befinden, diesem Zweck überführt, wird mit dem Säbel zum Adel geschlagen. Seit dieser Regelung waren alle agrarphilanthropischen Bemühungen zu Weltruhm gelangt, da der Verkauf von Säbeln und in der Folge die Rate der Veradelung kräftigst angestiegen war, was der Waffenindustrie zu einem noch unverhoffteren Aufschwung verhalf, als wir es in den letzten Jahren zu beobachten geneigt waren. Die Folge der Rate der Veradelung hatte die Vernaderung derselben Kaste wiederum eindeutig erschwert, was sich insgesamt wieder positv auf das brutto-nationale Lebensklima auswirkte. Was der Bank der Weiblichkeit und Wärme (in der revidierten Fassung des 9. exemplarischen Gesetzes) wieder zu einer erhöhten Umlaufrate ihrer Produkte verhalf.

Wie dem auch sei,...

Wettbewerb ist Wettbewerb. Es ist die Bewerbung des Erwerbs, die schwer gelitten hat. Darum ist die Wette um den Erwerb wiederum angestiegen. Wenn Du wettest, erhöht sich der Einsatz des Erwerbes, genauer gesagt, des eigentümlichen Erwerbs. Für manche. Für die anderen ist es auch wurscht*. Vielmehr gilt es, dieser liminatenten* Weiblichkeit, die sich im schweren Vormarsch befindet, Einhalt zu gebitten. Sonst erwettet sich der Erwerb in einer nie da gewesenen Weise. Und das ist nicht auszubrecken*!

Brecken wird so konjugiert: Ich brecke, du breckst, er breckt, wir brekken, ihr breckt, sie brecken. Also Achtung bei der Wir-Form, die verändert die sich nahe stehenden Konsonanten!

Also wo waren wir stehen geblieben?...

Ja, es ging um die fatale Situation der nicht mehr zu erbreckenden Weiblichkeit, die alleine die Aktienkurse ins Wanken gebracht hatten. Durch den ewigen, eigentümlich-weiblichen Erwerb, der das Wettverhalten der Engländer außer Fass und Boden geschlagen hatte. Dadurch hatte sich dann wieder das Brauerei-Gewerbe schlaghaltig verändert. Es ist nicht auszubrecken, was das wiederum für gesamt brutal-nationale Auswirkungen gezeitigt hätte, wenn Andrew nicht dazwischengefahren wäre. Der hatte die Ausgangssituation zum G-Punkt zurückgebracht und der Netto-nationalen Bewegung wieder zum Aufschwung verholfen.

Brutto-national ist der Ausdruck,...

der sich auf die innernationalen Bewegungen richtet, von denen der zu versteuernde Anteil noch nicht abgerechnet wurde. Das weißt Du aber, das muss ich Dir jetzt nicht erklären...oder? Das jedenfalls, was übrig bleibt, ist der Anteil einer Bewegung, der der freien Konsumation zur Verfügung steht. Freie Konsumation bezieht sich auf das, was lustseitig sich einkaufsseitig auf die Steigerung der eigenen Lust bezieht, die einkaufsseitig auch befriedigt werden kann. 'Frei' bezieht sich also auf einen bestimmten Korridor, den es zu bewandeln gilt. 'Konsumation' bezieht sich auf den Bürger, der dazu verdammt sein muss, zu konsumieren, um sich seine Freiheit zu erkaufen. Er erkauft sich damit seine Lust. Der Vorgang gleicht dem der Prostitution.

Biete Deinem Körper an,..

dass er die Lust, die er aus der Konsumation bezieht, sich nicht autonom erwerben soll. Im Wettbewerb natürlich. Biete Deinem Körper an, so zu sein, wie es die Konsumation verlangt: Unautonom, völlig unautonom, aber im Wettbewerb. Der Körper ist damit auf seine unautonomale Existenz zurückgeworfen oder besser gesagt, nach vorne herausgeworfen. Gib dem Körper, was des Körper´s ist (so steht´s geschrieben) in dem Sinne, als die Konsumation immer mit dem bestehenden Güterangebot verkabelt sein muss. Tu´ Dir nichts an, was Du Deinem Nächsten zugestehst, dass seine Autonomie nicht umfassen soll. Ganz Otto normal oder Otto brutal. Das ist angewandte Psychoanalyse!

Als das Auto...

als Nominale gehandelt wurde, gab es einen Tag in Freiheit von der Konsumation. Es ist das Auto, dass uns auf die Fährte der Frucht bringt. Das kann einem das Fürchten lehren. Fürchten trägt immer schon die gezielte Bedeutung känguruartig in sich, während die Angst, dem Diffusen die Dunkelheit zeigt. Die Angst ist der Bauer der Lust! Rein schach-mäßig gedacht, stehen jedem von den vielen Bauern nur ein König und eine Dame gegenüber.

König und Dame,...

ist übrigens auch die überaus latente Geheimformel des Kapitalismus. Rein rinnomotorisch* betrachtet ergibt sich der Quark dadurch, dass die organographischen Körperöffnungen durch die permanente Konsumation dahingehend verleiert wurden, dass das alte Schloss-Schlüssel-Prinzip stark in seiner Anwendungspräzision gelitten zu haben scheint. (Scheinen, sage ich deshalb, weil die anfänglich als 'grau' attestierte Maus, sich als weiße Maus entpuppte, die regelmäßig von links nach rechts durch den Raum huschte und so also nicht mehr nur an den Klienten gekoppelt war.)

[*Achtung! Druckfehler! Seite 880* ¯↓]

Die permanente Konsumation ist natürlich wiederum klassenseitig zu verbuchen, insofern, als sich das bei manchen eher als permanente Konsumationsverweigerung darstellt, was wieder den Vorteil mit sich bringt, dass bei dieser Klasse somit die Verleierung noch nicht so weit fortgeschritten ist und auch die körperautonomale Saftproduktion nicht durch äußere Gegebenheiten eingeschränkt wird. Armut kann also auch glücklich machen!

Ich bin mir allerdings nicht sicher,

ob der Kapitalist über dieses Phänomen schon genügend nachgedacht hat. Die Otto normale Existenz kann sich zur Otto brutalen Existenz radebrechen, in dem Maße, als die dafür nötigen Mäuse nicht verfügbar sein können. Rein körperfunktional kann das – wie oben demonstriert – eine durchaus gewinnbringende Sache sein. Meiner Meinung nach ist das das große Versäumnis des Kapitalisten. Er hat vergessen, ein zentrales Terrain in genügendem Ausmaß zu kolonialisieren. Und ob das ein Zeichen des Unheils oder der Qual oder der Lust ist, die weißen Mäuse nicht mehr nur klientenseitig beobachten zu können, sei dahingestellt. An die Wand wird ja heute glücklicherweise niemand mehr gestellt (in Europa). Aber mit dem Auto gegen die Wand dann schon eher.

Oder mit dem Auto durch den Kanal. In der Seine. Oder mit dem Roten in Richtung Tote.

Tot und Tabu...

hätte der Titel meiner Meinung nach heißen müssen. Es ist ein Tabu, die Toten, die mit dem Roten (Auto) erzeugt werden. Es ist ein Tabu, die Toten, die mit dem Roten (Wein) erzeugt werden. Und welchen Aufwand, rein volkswirtschaftlich, das machen würde, alle betrunkenen Autofahrer auf Kiffen umzuschulen. Das müssten dann wieder die Frauen, die es den Männern am besten psychosexuell besorgen können.

Die Kosten für die Personalauswahl...

könnten auch mit rein macho-istischer Kasuistik kaum geschätzt werden. Oder nur schwer, mit schwerer Beobachtung. Leicht kann´s einem da ja nicht ums Herz werden. Welch ein Lurch! Lauch heißt das, darf ich ihnen den Lauch des Lebens überleichen. Mit leicht hat das nix zu tun. Die Beschwerde ringt dem Werden den Wettbewerb aus dem Leib. Ein Laib Brot unter nicht kastrierten Bedingungen. Wo Marx und Freud sich gute Nacht sagen. Fuchs, Du hast den Jäger gestohlen, gib´ ihn wieder her. Immer dieses Scheiß Proletariat mit ihrer Strasse, die sich der Politiker aufheben wollte.

Proletarier, ...

vermehrt Euch nicht. Eure Gene sind nicht egoistisch genug! Der wahre Egoismus zeigt sich in der Körperrechtsbewilligung, die den Armen trotz alledem versagt bleibt. Durch die Werbung und das gratis Fernsehen. TROTZDEM konnte der Jäger noch nicht gestohlen werden. Das ist ein hehres Ziel. Das wusste auch schon Trotzki, der trotzig in seiner Kiste blieb, selbst als ihm geheißen wurde, dass er wieder auferstehen kann. Welch beleidigende Geste dem Kapitalismus gegenüber. Ihm so mir nichts Dir nichts das Gegenüber zu rauben. Das hat brutto-nationale Auswirkungen, deren Rattenschwänze in ihrer angeblich weiblichen Launenhaftigkeit noch nicht überblickt werden können. Ihm einfach so mir nichts Dir nichts das Gegenüber zu rauben. Da schnauben alle Schaben, die sich in der Küche schon an Besserem gelabt haben.

Rundherum und geradeheraus...

Früh ist ein Kapazunder*, was ein Hecht werden soll und kein Karpfen. So die Devise der wett-bewerbsorientieren Wirtschaft (wetten, Du bewirbst Dich bei der 'Wirtschaft'?). F kann nichts dafür, dass in unserer Sprache einem ständig (!)der Bär mit irgendwelchen Tieren als Symbol aufgebunden wird. M kann nichts dafür, dass die Rechtschreibreform es einfach nicht geschafft hat, den Tieren diesbezüglich den Gar aus zu machen. Und das in einer technologie-infizierten Welt! Es ist abschaumverwunderlich. Da könnte einem doch wirklich der Abscheu vor den Mund treten. Oder die Galle hochkommen. Vortreten!!...Wie ist Ihr Name? Anschrift, Geburtsdatum, Sprachorientierung…Sie sind ja verkehrt herum. Des Verkehrs herum oder im ständigen Kreisverkehr während dem Geschlechtsverkehr. Das Verkehrte der Geschlechter. Was fällt Ihnen eigentlich ein?

Sie vermaledeites...

Stück Kuhflade. Die Rechtschreibreform kann eben nur den einzelnen Buchstaben den Gar ausmachen. Nicht dem Kontext oder den Redewendungen. Redegewandt wendet sie sich an andere, die Rechtschreibreform. Aber was nützt es mir, was mir nicht schadet.

Das ist die 2. latente Geheimformel des Kapitalismus. Was nützt es mir, was mir nicht schadet. Es schadet mir, wenn einer meine Radkappe stiehlt (in diesem Fall ist durchaus wieder die weibliche Form zu ventilieren: Was schadet es mir, wenn *eine*...). Es sei denn, die Radkappe war versichert. Das ist doch logisch. Was nützt es mir also, wenn jemand meine Radkappe stiehlt, wenn sie versichert ist. Es nützt mir insofern, als ich dann wieder mit meiner Versicherungsstelle in Kontakt treten kann. Ich hätte sonst den sachzwänglichen Grund dafür nicht. Und ohne sachzwänglichen Grund bin ich hilflos, da kann ich nicht mal richtig konsumieren. Ich weiß, dafür ist die Werbung zuständig. Das Problem ist aber, dass ich als Bürger dabei mitarbeiten muss. Und das, obwohl dieser Bürger in der Bank des Werkens und des Wirkens noch keine Sparbriefe ausgegeben hat. Für den anderen zum Erwerb. Also ein höchst illegaler Vorgang und das, obwohl es diese Bank ja noch gar nicht gibt.

Rhinozerosse vereinigt Euch...

Unser Markt hat Mangel an aufrechten Hornträgern. Die sind hoch im Kurs. Und erst die Fusionen, die dann wieder zu kleineren Exemplaren dieser Rhinozerosse führen, die aufrecht ihre Hörner tragen. Und das ganz ohne Samenbanken. Was dafür fehlt, das will ich nicht verhehlen, ist die dazu geeignete Währung. Aber Mann kann ja nicht hexen. Da das hexen ja Frauendomäne ist. Ist doch logisch!

Rein (h)exerisch...

ist diese Form deshalb nicht zu ermitteln, weil diese Art (rein) genetisch noch nicht zusammengebraut werden kann. Das ist eine noch unbewältigte Frage der Alchemie. Echsen sind vom Aussterben insofern nicht bedroht, als sie zu groß sind, um wirklich gut gejagt werden zu können. Die Jäger sind uns gestohlen worden und wir waren nicht versichert. So ein Schandmaul. Der Schaum der Schaumtüte steht ihm vor dem Mund, dem fettleibigen Wahlross, ihr vor dem Mund, der fettleibigen Wahlross-Dame oder der fettleibigen Wahlrössin. Nicht zu verwechseln mit der Wahl-Russin. Was hat ein Fisch mit den Russen zu tun? Das ist wieder ein großes Versäumnis der Rechtschreibreform, der Reform der rechten Sprache (oder auch der linken Sprache). Es ist nicht mehr fertig zu werden, mit den Versäumnissen. Versäume nicht, was rechtzeitig gesäumt werden muss oder eingezäunt. Würde Weiß-Russe in diesem Zusammenhang nicht besser passen?

negerweiß. Da muss dann doch wieder der (unautonom gewordene, wir erinnern uns) menschliche Körper herhalten. Nagelweiß, das Weiße des Nagelbettes, besonders dann, wenn der Tod eingetreten ist. Durch die Vordertür (also nicht nur für die Lieferanten der Macht, wir erinnern uns?). Durch die Vordertür pflegt der Tod durch den schlechter gehenden Verkehr einzutreten. Das Gehschlecht verkehrt herum. Im Kapitalismus. Das eigentlich fehlt dem (der) Marx(-in) in seiner (ihrer) Analyse. Das Geht-schlecht des kapitalistischen Geschlechtsverkehrs. Herrgottnochmal (fraugott [nur]noch[zwei]mal)...! Hab´ ich Dir nicht gesagt, dass der rechtzeitig auf die Schiene zu bringen ist. Sicher geht der sonst schlecht. Wegen der transsexuellen Kapazunderüberlastung. Mein Gott! Das war aber schon in der trans-sixtinischen Kapelle zum Jungwirth in der 69. Strasse des GATT-Übereinkommens (§5769, links unterer Absatz) vereinbart worden. So kann das alles nicht mehr weiter gehen, so geht Ihr mir nicht auf die Strasse!!!!?

Ohne ihre Mithilfe hätte ich das nicht zusammengebrockt...

Dieser Teil handelt, wie man schon erahnen hätte können, einmal nicht von der menschlichen Vorderseite, sondern von seiner Rückseite, von der Analität* des Fäkalen in der Semmel des A, in der Hämmorride. Hämorridal kann es enden, wenn man als Mann einer Frau gegenüber zu langsam, zu selten, zu wenig professionell, zu wenig von seiner eigenen Rückseite präsentiert, hämorridal! Es ist diese fehlende, rechtzeitige, innere und möglicherweise auch äußere hintere Seite, in ihrer ganzen Länge und Breite, die in ihrer Abwesenheit den ganzen Grant verursacht. Diesen ganzen Cary Grant. Im Fernsehen. Das geht keiner Fliege am A vorbei.

Das kann einem wirklich das Pferd...

bis zum Schwanz treiben, sie begreifen´s einfach nicht die Männer, wo ihre Grenzen liegen. Also das hätte ich Dir vorher sagen können...dass das so endet. Ich meine, das backhand bringt einen ja da eh´ schon irgendwie hin und da muss man eben ein bisschen weiterdenken. Die Bewegung weiter entwickeln...und zwar selbständig...und ohne Aufmerksamkeit des weiblichen Gegenübers, ja herrgottnochmal...da muss man ja ganz von vorne anfangen, es ist ergräulich. So kann aus der grauen Maus nie eine weise Maus werden. Aber wem nicht zu pfeifen ist, dem ist auch nicht zu urinieren. Stell´ Dich hin und uriniere vor die Kamera. Wie James Dean. Wenn´s unbedingt mit der Vorderseite sein muss. Wenn´s hilft, markiere einfach Dein Revier, aber versuche nicht alles mit einer Klappe zu schlagen. Die Natur hat das nicht ideal angelegt. Da haben´s die Frauen leichter. Reviere sind Räume, vergiss das nicht.

A friend...

sagt Dir dann rechtzeitig, mit welcher Seite es weitergeht, da kannst Du den Michel (Douglas) befragen. Hebe im Zweifelsfall immer Dein Bein und uriniere...UND: Verwende im Zweifelsfall auf keinen Fall die Hand, das ist das eherne Gesetz des waffenfreien Geschlechterzwistes. Wir sind die rostigen Sandalen, die sich in Marmelade baden, keine polymerante* Ferkelei mehr, kein Ausziehen der Socken mehr, wenn die Hose runtergelassen werden muss. Kein Wichsen in die Achsel, wenn die Achse des Wagens einen Wagenheber benötigt. Und vor allem: Die Lust im Rüssel des Anderen erspüren, die Lust im (Neural-)Rohr der Anderen erfassen. Im supranationalen Zusammenhang. Im Ei der Supraleitung. Dorthin geht die Fahrt!

Achtung!, wenn Du dieses Huhn isst...

bekommst Du Hämmorriden! Salmonellen stehen derzeit nicht im Regal. Die anale Frugalität (Einfachheit) der Schwäne war schon seit jeher bekannt. Nicht aber deren Enzyklopädie. Deren Enzyklopädie war nicht einmal den Zisterziensern bekannt. Und das will was heißen. Was will der heißen? Rektal, anal, frugal so heißt der Spruch, den man sich merken muss. Rektal ist der Löffel einzuführen, anal die Fliege zu erhaschen und frugal die Klappe zu halten. Im Kapital kann man nicht anal sein. Das ist das Problem. Frugal die Klappe zu halten ist auch nicht so einfach, wenn Reden jemandes Beruf ist. Bleibt also nur mehr das Rektale. Am sakrosanktnimmerleinstag. Im Simmel des A-krumm.

Wann treffen wir drei wieder zusamm´ ?...

Im Simmel des A-krumm. Wann treffen wir zwei wen? In der Citadelle der Macht. Es ist halb acht, es ist halb neun, es ist halb zehn. Sprachverdauung am Götterdamm. Da die Fonds mit göttlicher Gewähr das Gewand der Macht anhaben, bleibt einem nichts mehr zu laben. Gewehr bei Fuß oder Halbmast nach vorn. Da der Sex von unten nicht wie der Sex von oben ist, gilt es die

Wabe zu loben. Loggen sie sich ein um Mitternacht, dann gibt es safer Sex im Saxophone. Das Genitale ist nun mal nicht das Rektale, drum pfeifen wir auf den Urin und nehmen Kokain.

Die Lust des Eiweißes...

liegt im Blei. Statt im Brei in der Nackedei. Sakra! Wie viele Leichen könnten wir vermeiden, blieben wir seiden. Wie viele Leichen könnten wir vermeiden, blieben wir sacht. Um Mitternacht die Eintracht in die Hosen bügeln. Um Mitternacht den Wahnsinn zum Einsehen in den Mann haben. Auch ein Mann kann bürsten. Brüstet Euch nicht mit falschem Fehler. Der Hehl geht um, dass die Lanze brechen muss. Der Lumpi muss fallen.

Einerlei...

ist es nicht, ob geliebt wird. Einerlei
ist es nicht, ob man lebt. Einerlei
ist es nicht, wieviel man hat. *Und Einerlei*
ist es nicht, ob man tut. Zu lesen in den Versen der Weisheit.

Da stellen sich doch...

alle Haare glatt und das Geimpfte beult einem heraus. Da könnte man doch bei den Musiknoten den Kopf vom Schwanz trennen oder diesen kleinen, schwarzen Punkten die Fahne abmontieren. Als ob am Gestade der Macht keiner den Gestank seiner Eingeweide erlauert. Weidet Eure Belämmerungen im Hämatom der Angst. Du sollst nicht begehren Deines nächsten Heimkino, wo der sich safer Sex als Video reinzieht. Im Schoß der Liebe sind die Götter nicht zu Haus´.

Zwischen Athen und dem Sex läuft...

die Achse des panarabischen Diktats. Ereifere Dich täglich, so hast Du nicht mehr alle (dabei). Es ist die Ruinante der Fastnacht, die den panarabischen Raum über diese Achse in die Mitte Europas hineinprojiziert. In die Mitte Europas! Über diesen riesigen Spiegel wird Amerika, kommend von Europa verbrannt. Das ist das (vermutete) physikalische Gesetz des Lichts! Als Andromeda die Nebel hütete - beim Berge zu Athos - war ihr dieses Lichtspiel als Illusion erschienen. Später aber stellte sich heraus, dass das Orakel sehr wohl die Wahrheit spricht. In der alten Währung.

Verlärmen gämmert gewaltig,...

Wien, Wien, nur Du allein, sollst der Schatten meines Trostes sein. Als Asterix neben Goliath und David neben Obelix zu stehen kam, da war die Hölle los, im Hause Europa. Die Personalauswahl der Dynastie gleicht dem Huhn bei der Suche nach der persönlichen Salmonelle. Die persönliche Salmonelle muss ja nicht die Richtige sein. Auf diesen Unterschied sind die alten Griechen sehr wohl gestoßen. Aufgestoßen hat das den Psychologen aber erst in der späten 80´er Bewegung, als Ihnen das Hämatom der Angst aus den 60´ern wieder einmal aufgeplatzt war.

Die Genitaltracht des Antriebs...

wirft die Düse in der Früh aus dem Bett. Oder ist es die Zirbeldrüse? Das weiß jeder Arzt, dass die verschrieben werden muss. Das Problem dabei ist, dass die paneuropäischen Ärzte ihren Kälbern diese Tinktur noch nicht verabreichen können, weil die indischen Götter da ständig dazwischenfunken müssen. Die haben das Mast-Nicht-Kriterium noch nicht einführen müssen. In den Hintern ihrer Macht.

Es ist eben der Grad per Verrotzung...

der die Nacht diktiert. Vor allem dann, wenn die Götter dahindämmern in ihrer Macht. Und das, ob Kolibri, Rundheraus oder in der Gracht. Im Einmal Eins der Liebe fehlt nun mal der Saft. Gämmern kann diese Liebe nicht.

"Also ist es die Untergatte,...

die mehr herausbringt, als die Auswertung des rektalen Spiegels", sagte Emil, als er das 'und' auf der Tafel vor 'den Detektiven' herauslöschen wollte. Die Eier-stöcke habe mit den Wein-stöcken des hoderischen Gewerbes nun mal wenig im Bambus. Was für den Anus wiederum bedeutet, das auch der sich verzwickt an die Regeln des Euters zu halten hat. So eine Nuss!

Und...es...ist...doch...

der Sauhaufen, in welchen den Göttern das Fliegen beigebracht werden muss, bevor die große Dämmerung einsetzt. Beim großen Dämmern menstruieren die Vögel, was kein reiner Elch vermutet hätte. Die Imbezillität entsteht eben doch nicht durch die

Vermischung der Rassen. So steht´s geschrieben im großen Wort der Geographie.

Das ist die größte Zumutung...

seit Darwin und Kolumbus. Das 'Rein-halt´' erzwang vom Reinhart den Bart der Ziege im Zwinger. Im Hodenzwinger. Es war ihm nicht auf den Hund zu kommen, diesem Zwinger der Ziegen am Berge zu Athos. Wer Hoden zwingt, kann auch Berge roden. Und auch in der Au macht´s Wau-Wau.

Reinhart...

rechtet verwegen. Regen macht reiner, die Sau. Drum lass´ uns erlassen das Recht, bevor wir erblassen, im Klau. Mit dem permanenten Klau des Wau-Wau verhält es sich so wie mit dem sauren Regen. Die Säure bestimmt den Grad per Verrotzung.

Goldie Hawn, Melanie Griffith und Adelhait...

erzeugen ein wundersames Getränk. Es soll das Hören des Sprießens der Adern ermöglichen. Eines Nachts sieht auch Harry Potter beim Fenster herein. Als Harry (2) zu Ohren gekommen war, dass im Potte die Essenz der Natter zu bekommen war, war er dabei. In der Nacht der Eitelkeit. Rhimonikaken* im Eierwald. Zu ersehnend im salmonellenhaltigen Freiwild der kadaverischen Landshut in kackfarbener, eiernder Bräunlichkeit.

Der Limerick des Oben-Ohne...

hat uns den Nabel genauso verwanzt wie Euch die schwulen Brüder die Eier aus den Schenkeln holen können, bevor noch einer Piep! sagen kann. Nur Aids ist es gestattet, das Leben für die Liebe einzusetzen, nicht der kondomlosen Agonie des Ausläufers des 75. vatikanischen Konzils. In der Pute des Bratens! Wenn Sie nach Salmonellen riechen, haben sie sich auszumerzen. Auch das steht nicht in der Schrift. Vergöttert den Bruder des Weibes und Euch wird auch noch genommen die letzte Gurke des Schlachtviehs im Nahverhau.

Und die Kerze des Westens kann lauschen...

und mit Genugtuung weidet sich das Auge am Land der Molluskeln. Wollkernige Muscheln aus dem Morast erschleimen, damit auch die Morcheln und Olme das Licht der Welt erblicken können. Tschi-ha! Diese eitrigen Beeren, die sich die Fische aus ihren Samen röcheln, dieses eitrige Gewand der zitternden Jahrmarktfrauen in ihrer stöhnenden Leier. Nicht eine Mark hat ihr Gezeter erwirkt. Nicht eine lumpige Mark.

Das Röslein deckt die Wiese,...

es ist verkehrt herum. Sag´, was hat Dir die Lise getan, dass Du nicht erwiderst - der Liebe Schwan. Die Macht des Eigelbes oder das 1. Wiener Knoblauch-Theater. Diese Feigen sind komplett zu furzen am Rande des Wahnsinns. Oder die Idiotie der Peripherie gämmert verlimmernd.

Hacke, hacke Braten,...

gegen dieses Fett kommt nicht mal ein Ölscheich an, weil auch der das Wenig-Essen sich nicht leisten kann. In aller waghalsigen

Eindeutigkeit, die der Westen im Osten an den Tag zu legen tut, ist das Geh-schlecht noch nicht in die hintersten Winkel der Welt vorgedrungen. Die Kragenweite versagt eben in der rostigen Mittelalterlichkeit, die ihr im fremden Land zuweilen am Magen liegt. Wenn der Hase einen Haken schlägt, kann der nur auf gerade, westliche Winkel programmierte Rechner nicht mehr mithalten. Trotz männlicher Kasuistik.

Rosinante und das Meer...

Als die Rosinante das erkannte saß sie auf dem Klo in Iderhoe. Das kann ja vetter werden! Auch die Nichte nagelt sich im Lichte ihrer Gicht und das ohne Sicht auf die kommenden Tage. Der Nebel ist anderswo. Simone sitzt auf dem Bau und schreit nach Melone, ohne das nötige Kleingeld dabei zu haben. Das könnte jedem Eichhörnchen so passen. Im Aderlass der Macht ist einem nun mal die Reinheit der Gedanken verwehrt.

Warum der Wurm nicht auf den...

Apfel kommen kann, ist, dass er die rechtliche Ausbildung dafür nicht hat. Von Rechts wegen muss rechts gefahren werden, außer in England. Im Land der Engel und des Blairs. Im Blazer hat der Besserwessi Reisefreiheit. In der Freiheit seiner Narren. Halt´ mich nicht zum Narren, sonst steht der Karren, das sind die Worte, die der Proletarier rechtsseitig noch nicht gesprochen hat. Der Wurm sticht uns den Apfel noch nicht an, damit der Eiter aus seinen verwelkenden Adern nicht erbricht. Noch nicht.

Sie hat die Gicht und er den Löffel,

um sich mit der Brause in der Buchhandlung zu masturbieren. Was fehlt, ist, dass die Latte der Angst der Liebe das Lamentieren versagt. Was fehlt, ist, dass der Keil, den die Oberen in die Unteren treiben, ausgetrieben wird, durch den Exorzismus der Ohnmacht. Habt Acht darauf, dass der Schnürsenkel rechtzeitig in der linken Hand gehalten wird, bevor die Macht den Ekel nicht mehr scheut. Und dabei den Enkel ohne mit der Wimper zu zucken im Erker ersäuft.

Als Rhabarber Simone die Welt erklären will,...

war´s noch halb Acht, in der Macht. Jetzt ist es fünf vor Zwölf und es schlägt dreizehn, wenn die Wölfe aus dem Unterholz das Kind im Korb nicht mehr fressen werden wollen. Sie sind kuriert worden in der Phase, als der Kurs der Hörner gefallen ist und die Macht sich eimerweise erbrechen hat lassen im Kartäuschen der Angst. Remoulade auf den Molukken der Angst. Auf den Seychellen der Macht. Wenn der Druck von oben mit dem Druck von innen (im Parlament) sich mit dem Druck von unten zu decken beginnt in der Unmöglichkeit des Deckweiß. Wenn der Druck von hinten sich mit dem Druck von vorne in der Magengegend zu einem Bier der Hinterlist vereidigt. Aber dann ist der Argwohn des Eichhörnchens mehr als benebelt!

Wo der A dem B 'gute Nacht' auf den Hintern des Einerlei kleben wird...

Dort sind die Nebel nicht mehr weit, die sachte 3 ½ cm über dem Boden über das Laminat des finsteren Goldes fließen. Um 3 Uhr morgens einer ausgeschlafenen Nacht. Das ist mein Bier, die Macht, die mich umnachtet in ihrer Hast. In ihrer Unmöglichkeit, mit dem Deckweiß zu verfahren. Decke weiß, was blau sich nicht regeln lässt. Decke weiß, was den grauen Nägeln die Durchfahrt verwehrt. Decke weiß, was der Macht das Graue hinter den Zähnen nicht verlauern* lässt. Decke weiß, was der Hirte der Mähr nicht mehr verkaufen hat können, weil die Magd es nicht mehr so machen wollte wie früher. Weil sie das Ei-Geld im Eierwald mit Stöcken verruft. Es ist die Verrufung des Bösen, das sich nicht mehr zur Berufung machen lässt. In der Analität des Bösen in seinem Schal.

Das Tschappi hast Du...

mir gründlich verdorben, als ich das Kratzen der Wimper in meinen Eingeweiden vernahm. Autohermetisch soll die Gruft sein, die ihr Euch gräbt. Für ein nicht Automaten-freies Europa. Für ein autogerechtes Arbeiten! Der Automat, der die Arbeit für das Auto übernimmt, soll nach draußen geschifft werden. Den unautonomen Körper mit dem Auto-Automaten verdampfen lassen. Die Präsenz soll nicht erhalten werden. Der Autofinanz.

Die Auto-Romanze besagt...

dass ohne Auto keine Sommer zu gewinnen sind. Auto = Automat = Arbeit = Platz. Das ist die erste kapitalistische Geheimgleichung des Platzes der Arbeit, der dem Platz zum Leben nicht mehr die Waage halten kann. Der rote Platz als Wagenhalter.

Werdet Ihr nicht willig, so...

brauch´ ich meine Freiheit. 10 Rosen im Kavalier des Knopflochs, die Hose zu ergattern. Kaffe, kaffe Kuchen. Das Automatenauto (Aa) sitzt bekifft in der Ecke und lauscht dem melodramatischen Aufbau der 100 Mozartkugeln in seiner bzw. ihrer*[(Aa)] Unterhose. Es ist nicht zu errösten, die Freiheit der Untergatte. Auf der Matte im Jargon. Im mit Rosen bewachsenen Tal des Bären, der ihnen nicht mehr aufzubinden war, gab es viel Honig.

Hopfen-Topfen-Honigbräu...

Jedem Chaoten seine Karotte, jeder Chimäre ihr Chamäleon. Das Eine-Welt Laken hat nur den Haken, dass gebackene Austern sich nicht verbrauchen. Über Nacht in der Gracht. Und seid ihr nicht willig, so brauch´ ich Gehalt. In der Gestalt eines andronysischen* Götterhundes mit Kaviar am morgen. Damit das Morden, und sei es nur symbolisch, nicht so ins Gewicht fällt. Melancholisch, in der Harmonie des Seins und in der Grammatik des einen kasuistischen Herren, des Geldes.

Rein-erlassener Fliegenpilz...

und in Butter gerösteter Schlemmerbraten mit der kolorierten Vergangenheit eines Vertebraten und Paten. Am Angelhaken des mathematischen Seins, das die Ziffern und die Zahlen zur Gottheit erhoben haben. Im eitrigen Euter wird der Auto-Automat zur Erleichterung der Massen eingesetzt.

Als Otto (normal) vom Himmel fiel,...

gab´ es nichts auf der Welt, als das Geld. Um einen Beetle betteln oder hoffen, dass die Grausamkeit im inneren Eiter der Schnecke verlimmert. Mit dem Fahrrad in die Schnapshöhle der Dolomiten fahren, beim Gaul an seinem Kamm herumbasteln oder mit den Käsestangen nach dem größten Hecht angeln, der mindestens 10 Karpfen auf dem Gewissen hat. Appelvoi* ist eben nicht einerlei.

Im Säuregehalt der brutto-nationalen Spiegelung...

ist festzustellen, dass Tee eher gesamtgesellschaftlich wirkt, währenddessen der Kaffee als Terrorist ins Herz der Eingeweide fährt. Der Terrorist im Herzen der Seele und im Kreislauf der

Zirkulation! Der Tee ist da ganz anders, er ist ein herzensguter Jurist, der die Kammern besser im Griff hat. Trotzdem ist alles paletti im elektronischen Kaffee-heim-kino. In jedem gesunden Herz steckt ein gesunder Körper, ganz auto-unautonom. Und innominell die Geige im Schrank. Wenn Otto die Tasten drückt, bleibt nicht viel vom Eiter, im inneren Körper der Schnecke.

Für die Hohlräume benützt Ihr...

am besten die Gabel, die nie verstimmt werden kann. 'Mit der Kanne das Bad ausschütten', hat schon die Hildebrand damals gemeint. Als sie einen Brand hatte, war sie dann aber mit der Gabel auf die Kanne losgegangen. Einen Einspänner* (von der spanischen Hofreitschule) zur Ernüchterung der Zelle zu sich nehmen.

Und dem Gaul damit...

aus der Seele sprechen, unter der Hochspannungsleitung. Der Säure Gehalt auf den Zahn fühlen. Traurige Betten mit übergroßen Nadeln befüllen. Rostige Zwiebeln auspressen, damit die Körpersäfte wieder rauschen. Im Gebälk von Iderhoe. Saul war doch derjenige, der die Wette verlor, als im Glashaus die Sonnenuhr vergessen hatte zu läuten. Unter die Leute kommen und die Saat mit dem Apfel ausstechen. Und dabei nicht unter die Räder kommen. In der Höhle von Rotterdam.

Wenn der Koffer...

ankommt, gilt es alle Hände bereit zu halten. Für die peanuts, die mit den Kröten der Reichen eingehen unter mein Dach, damit die Seele gesund wird. Lafayette oder die Polen finanzieren, das räumt den leprakranken Kindern den Tisch wieder frei. In der Egogrammatik der (3x3 [liegende Mönche] hohen und breiten) Remoulade der Macht.

Wir dürfen dabei nicht vergessen,..

an die Fertilität des Grauhaardackels beim Klonen zu denken, sonst teilt der Apparat der Fliege im Automaten wieder das falsche Revier zu. Die Idiom-Reform der alten deutschen Idiome müsste die Bezeichnung 'Butterbrot und Peitsche' durch 'Wir nehmen Dir das Geld und erwählen wenige von Euch für ein Schnäppchen, ein Geschenk oder viel Geld' ersetzt werden. Das müsste dann natürlich abgekürzt werden mit GW+G (Geld weg → Geschenk). Manche würden dann wieder 'geh´ weg auf den Gang' oder 'Der Geldweg am Ganges' oder ähnliches verstehen. Das müsste die deutsche Idiom-Reform dann glatt wegstecken.

*Des Wahnsinns Eimer*1 *im Hämatom der Macht...*

müsste das (raue oder glatte) endoplasmatische Retikulum im Gehörgang der Zelle dann wieder machtvoll ausbalancieren. Balanciere die Gicht oder brich´ Dir den Knöchel, dann bekommst Du keinen Krebs oder Kreutz-Jakob im Feld. Ich frage mich, ob der Prophet III auch 40 Tage in der Wüste gehungert hat, so quasi als weiche Einleitung der Einweihung eines Wettsonntags. Wetten wir, dass...der reichste Mann einen billigen Staubsauger gewinnt, im Hahnenkammrennen, oder, wie der größte Bulle zur Miss-Jungfer-World (mit roten Hörnern) gewählt wird, oder dass der Mann mit den größten Hoden den BEST-MACHO-MIST-PREIS erhält. Crap (Mist) liegt auf den Landstrassen, wo kein Crack (keine Drogen), aber ein Menge an Crepes (Palatschinken*) herumliegen sollten, auf den Best-Macho-Mist Strassen, die durch das Land führen (Idioten-Dämmerung auf Hollywood?).

Entstanden war...

HARTZ IV im redegepaukten Morast der eierfarbenen Ohrringe Heimchen-gestützter Politiker-Frauen. Das 'Kleintier, das auch Mist macht' steht den kleinen Märkten nicht mehr zu. Das kann einem schon das Okular aus den Augen treiben. Ganz ungestützt durch die Krankenkassa, im Treibsand der Ohnmacht. Sicher, besser ein Mercedes im Maul, als 1000 Tasten im Schrank. Oder den Wert eines Lebens mit der Briefwaage bemessen. In Avalon.

"Bitte gib´ mir die Gewähr,...

dass mein Gewehr mir das Leben erhält, wenn ein anderer auf mich schießt", wird in den waffenbewegten Zonen gebetet, während Hollywood die erste Trompete dazu pfeift. Ideologisch ist eben ideographisch oder idiogrammatisch oder auch IDIOTEN-PRAGMATISCH. Das Rektale ist dann das Normale oder die Otto-Normalität das Verkehrt herum. Damit auch unsere Jugend was davon hat und bei uns die gewaltfreie Semmel wieder aus der Mode kommen kann. Schießt Euch frei, damit die kondomfreien Zonen im Standortwettbewerb nicht immer unterliegen müssen. Der Trödel der Gewehre ist nun mal das Mekka hierarchiegesottener Anleger. Unser Best-Macho´s Mist! Oder die

Rosenkranz-Formel der ungewollten Teilhaber des brutto-nationalen Klimas.

Netto ist das Ergebnis,...

das besagt, dass die Widerborstigkeit der einhöckrigen Dromedare minus der Altlast der Klageweiber, gebrochen durch die Pro-Kopf-Einsamkeit der durchschnittlich versingelten Mitteleuropäer, weniger beträgt als die Kondomhierarchie der enzykolpädischen Schürzenjäger, die nach der Wahrheit des eierfarbenen Autobus, der sich durch die Landschaft schlängelt, sucht. Noch einmal langsam: Die Summe der abgezogenen Werte des Kapitalismus ist ungleich dem puzzlesteinartigen Aufbau ideologischer Wettbewerbe, die den Banken die Richtung weisen sollen. Brutto-Kapital = ungleich brutto liberal. Bezogen auf das netto-hierarchische Gleichgewicht.

Daraus kann jetzt einerseits geschlossen werden,

dass es keinen Sinn hat, mit Gewehrkugeln auf Steine zu schießen, oder andrerseits mit der Rachsucht des Bruders die Schwester zum Einkochen in Rexgläser zu zwingen. Es ist vielmehr anzustreben, die Macht im Kleintierzoo dermaßen aufzuteilen, dass der Affe vorne nicht immer das Sagen haben muss und die Kröten mit den Mäusen auch während der Nacht spazieren gehen dürfen. Wenn Kröten unter die Räder kommen, ist das als einigermaßen weniger traurig zu bewerten, als die Tatsache röchelnder, eierspeiender Grußflughunde, die meinen, den Insekten während der Nacht die harte Arbeit abnehmen zu müssen. Und damit die Verdunklung der Sonne zum Lebensprinzip erheben.

In Wirklichkeit ist es doch so...

dass der Gartenzwerg doch nur die Energie hat, die wohlfrömmelnde Eiertanz-Bären ihm in seiner rostbewachsenen Naturschönheit zukommen lassen wollen. Wer nicht hat, dem fehlt es nicht auch noch am Soda-Fläschchen der Zufriedenheit, das die Perlen in ganze andere Regionen zu verdampfen sucht, als dem globalen Spieler das als weit mehr als nur eigentümlich erscheint.

Und es gilt das Licht zu erwärmen,,..

das der Angel den Nabel der Welt verrät. Rote Läuse kräuseln das Licht, das die spektralfarbenen Heller errötet. Erböte sich nicht des

Krampfes´ Ader räudiger Hund, wäre die Lachhaftigkeit der Gallier gesichert. Eben erst als Grimhild das Feld betritt, sitzt auch die Maria und bittet bei Fastnacht um die Hilf´ der güldenen Schlapfen.

Die Eierfrucht kann das 1x1 *der Macht...*

entschlüsseln, so wie Semmelweis die Klinik nicht mehr erhören wird können. War es die Eitelkeit der Kunigunde, die den vergifteten Apfel in ihrer Handtasche zu vergessen suchte oder war es die Heiserkeit des Orakels, die den Neuankömmlingen die Stimme versagte? War es das Einerlei in der Götterdämmerung des Gelee-puddings oder das Mahnmal erleuchteter Weichlinge, die auch in Unterhosen vor die Macht hinzutreten vermögen?

Selbst wenn am Hormon des Schrecklichen...

Kunibert, in der Eitelkeit seiner Macht sitzt, ist er doch komplett verleiert und hat den Grau seines Schimmers der Handtasche der Kunigunde versagt. Sie hatte ihr Euter nicht auch noch ein 2. Mal seinem Eiter zur Verfügung stellen wollen. Sie hatte den Startschuss dazu verwehrt. Mit seinem eigenen, ihm eigentlich gewordenen Gewehr. Die Gräuel seiner Badewanne hatten das kritische Maß bei weitem überludert. Im Anselm seines Wahnsinns.

Die Echse...

ist eine Hexe, weil sie nicht tanzen kann. Leieratur, Eierleins, 1x1. Ich backe mir eine Bockwurst mit Malediven und Ei. "Des Laiberl* is´ lustig", ist wienerisch und bedeutet, "das Fleischlaberl muss gegessen werden, sonst reißt Du ka´* La(i)berl". Sei doch nicht lebensgemüse!

Dumpfsinnige Wahnheit...

wäre es, auf die Einweihung der dicken Berta verzichten zu wollen. Hat sie uns doch den – (selbstredend) zuvor geweihten – Abschuss von tausenden von Laugenbrezeln ermöglicht und uns somit dem Salz der weltlichen Erdkruste ein entscheidendes Stück näher gebracht.

*Wenn Sie keinen an der Waffel (*z.B. Manner?*) haben,...*

ertrinken Sie nicht in ihrer eigenen fanatischen Ur-Nudelsuppe. Die Pimmelgröße zählt nun mal zu den grundlegendsten anthropologischen Werten, die des Macho´s wahre Bestimmung ist. Wenn es Ihnen nichts ausmacht, verlasse ich jetzt das Podium und das Podest der Wahnhait. In aller ingrimmigen Ergebenheit. Und denken Sie an den Lauch des Bürgers im Allgemeinen oder auch ganz im Speziellen, wie Sie das auch immer meinen zu verstehen geneigt sind. So lautet nun mal die penetrante Devise.

Feministischer Vermeer-ismus oder maximal-sandalistischer Penetrantismus?

Dieser Frage müssen wir uns in aller Inbrunst stellen, bevor wir den Apfel (mit unserer Hendlbrust) vom Kopf des Abels entfernen. Und vor allem dann, wenn wir die Barbie mit der Nummer 173y aus den Babuschkas herausdestillieren sollen. In der wahren Ansicht des Bambusrohres und in der (diesem innewohnende) Angst vor dem Elfmeter.

Das Piss-ackern und das Lege-wie...

ist im Einerlei der Handelsmarine nicht zu Haus´. Kohlsprossenartige und samenkörnige Keime in der Gicht schwachmotoriger Komödianten ersticken ohne dabei von der Rolle zu fallen. Oder davon den Löffel zeugend zu bekennen. Bei der Nonne des Propheten (I+II)!

"Pudern sie nicht auf der Matte,...*

rudern sie lieber in das Reich des Wahnsinns". So werden die zyklomatenten* Bürger schon von weitem gebannt. Pfänden Sie sich! In der Sprachvergäuerung* des jenseitigen Hades, im Insilmgrim des eingeweideten Putenmilzbrötchen, im leberhaften Einlegeglas vermemmender Schwärmerei. Lauchen Sie Ihre Lechzen frei, sonst geht die Lust nicht in die Adern.

Die Essenz der Natter...

in der Nacht der Eitelkeit, plus der Grad per Verrotzung ergibt die 1. Geheimformel des Kapitalismus. Ganz nicht-latent und überaus explizit: Der Wissenschaft kann man unter den Rock greifen, wenn diese weiblich ist. Ist sie männlich, ist sie Zwitter, ist sie schwul, usw. ist das nicht möglich. Es sei denn, in Schottland. Dort trägt jeder in seinem Eimer auch karierte Socken.

Achtung!...

Es ist Gewähr dafür zu *leisten,* dass in jedem Eimer jedes Ei das Gewehr am Fuß trägt. So wie früher das Messer. Heimerlass des Eimer-Ei´s. Ist Reinerlös. Reinhart findet sich in jedem Eimer und Ei zurecht und darf dafür den Reinerlös behalten. Es sei denn, er verbucht das auf der falschen Seite. Das ist jeder freien Socke beizubringen!

Versemmeln Sie sich nicht...

im Simmel der Eintracht, wenn Genitaltracht das 1. Gebot der Stunde ist und erliegen Sie nicht der Angst des Tormanns. Zu dem Zeitpunkt, in dem sich die Schwalben in den 11m langen Horst des großen weißen Storches wagt und die Katzen, ohne sich an ihren Barthaaren zu zupfen, auf den Hinterbeinen galoppierend das Land einnehmen. Mit Farbbrösel* im roten Autopark.

Es wird eine Zeit kommen,...

da wird keine graue Socke mehr vor dem Ofen sitzen oder hinter diesem vernadert werden. Auch werden die Wanderstöcke neben den Gewehren im Weinberg jedes Bauern seine Bergschuhe verzieren. Es wird eine Zeit kommen, da wird jeder Gartenzwerg eine kleine Autobahn in seinem linken Augenokular einoperiert bekommen. Und das auf Krankenkassa! Und alles in der Binsenhaftigkeit Ihres Glaubens an das Bambusrohr. Körpersäfte werden nicht mehr nutzlos verdampfen in der Wabe der Bienenkönige. Sie werden zur Verhinderung der Verkörkerung eingesetzt. Gezielt und marmoriert. Ihr rinnomatenten, automatenförmigen Lappen, das ist ein Grund zur Freude. Legt rechtzeitig die Sau an, die Abfahrt kann beginnen!

Wörterb(r)uch

Wortschöpfung (Ws); Kriterium: Duden (2001), Die dt. Rechtschreibung, das Fremdwörterbuch, *Seite 125-135*	eigenmächtig, eigen- oder selbständig verwendete, erfundene Worte, Wörter oder Wortzusammensetzungen und -kombinationen
Eigen-Interpretation (E-I), *Seite 125-131*	mindestens 50% eigene Interpretation: die Abklärung der hier anzuwendenden dt. Rechtschreibung und Sprachregeln steht noch aus
Automatenauto; Possessivpronomen (Pp); das Pp adverbiell gebraucht: possessiv-pronominal, -pronominell (Ws); *Seite 110*	'sein'; die Umwandlung des Pp´s auf 'ihr', gemäß dem häufig auch weiblichen Geschlecht der Autobenützer diese Laut- bzw. Wortverschiebung zeigt die wachsende Verquickung der Automobilindustrie mit den Aktienmärkten (E-I)

a´, wienerisch (abgekürzt <wien.>), <ugs.>, *Seite 63*	auch
agrarphilanthropisch (Ws), *Seite 82, 84*	sich auf einen Nebenzweig der Agrarphilosophie beziehend (E-I); Agrarphilanthropie ist die (menschliche) Liebe zur Land(wirt-)schaft bzw. die Ausrichtung von Einzelhaushalten auf rein agrarische Zielsetzungen (E-I), wie z.B. den Anbau von Kakteen
am <österr.>, *Seite 22*	<dt.> meist in der Bedeutung von 'auf dem'
Analität (Ws), *Seite 96, 109*	das ver-haupt-wörtlichte (Ws), medizinisch-psychoanalytische Eigenschaftswort 'anal'
andronysisch (Ws), *Seite 110*	androgyn und gleichzeitig dem Dionysos dienend
Appelvoi <dt., ugs>, *Seite 111*	Apfelwein
ausbrecken (Ws), *Seite 85*	ist die dominant gewordene Auffassung, dass 'ausbrechen' etwas mit Ziegeln (engl.: brick) zu tun hat; in

der negativen Form bedeutet das, dass man von etwas nicht wegkommen kann, es versucht, aber nicht einmal ein Stück weit dabei kommt

Brösel <österr.>, meist im Plural, *Seite 122* — Krümel, Bröckchen

dimokrati- (Ws), *Seite 82* — Eigenschaftswort, das sich auf Demokrit bezieht, der zwischen 500 vor und 1000 nach Christus (E-I) in Athen regiert hat

eh´ <österr., ugs.>, *Seite 63* — sowieso, auch

Einspänner, *Seite 112* — Kaffeesorte, die in Wiener Cafes zu den Standardangeboten gehört, ein Glas Mokka mit Schlagobers; bedeutet auch: Wagen mit nur einem Pferd oder die Hälfte von einem Paar <österr.> Frankfurter <dt.: Wiener>

Eisschrank <österr.>, *Seite 65* — <dt.> Kühlschrank

erbrecken (Ws), *Seite 85* — der Vorgang, der sich darauf bezieht, wie es in weiterer Folge gelingen

	kann, doch 'einen Ziegel herauszubrechen'
Erdreißung (Ws), *Seite 23*	das verhauptwörtlichte 'sich erdreisten'
ergauern (Ws), *Seite 186*	erinnern im Sinne von 'sich ergaunern'; man erinnert sich, indem man sein eigenes Gedächtnis 'über den Tisch zieht'
erkläglich (Ws), *Seite 22*	durch Klagen zu erwirtschaften
erklecklich (Ws), *Seite 23*	erschwinglich (von: mit einem Tintenklecks [einer Unterschrift] zu ergattern)
ersimsen (Ws), *Seite 47*	als Gallionsfigur am Mauersims verenden
Freddy Keks, *Seite 36*	Keks der Firma 'Manner', z.B. für das Gericht <dt.> 'kalte Schnauze'
gämmern (Ws), *Seite 17, 102*	in hämmerndem Rhythmus äußern
Gloriette, *Seite 42*	<lat.> der 'kleine Ruhm' (E-I), das für die Maria Theresia umgebaute Lustschlösschen im barocken

	Schlosspark Schönbrunn mit Blick über Wien
Gschnas <bes. ostösterr., ugs.>, *Seite 77*	ein lustiges Kostümfest
Gösser, *Seite 61*	alte österreichische Biermarke
Imbrezillität (Ws), *Seite 83*	eine durch Pausen ermöglichte Leistung
Kapazunder <österreich.>, *Seite 92, 95*	Kapazität, Koryphäe
ka´ <wien.>, *Seite 119*	kein
Kracherl <österr.>, (s.u.)	altes Wort für Limonade, Getränk mit Kohlensäure, z.B. das alte österr. Getränk 'Almdudler'
Laiberl, *Seite 119*	T-shirt
La(i)berl reißen <wien.>	Erfolg haben
liminatent (Ws), *Seite 85*	die fulminante Illuminierung betreffend (auch: renitent in jemandes 'Laminathaftigkeit')

lipperich (Ws), *Seite 61*	lächerlich, im Zusammenhang mit Sprechen ('Lippe')
Lubrikat (Ws, s.u.)	dicke und zähe Flüssigkeit, die alle Farben annehmen kann (das Chamäleon unter den Flüssigkeiten)
Manner, *Seite 73, 120*	alte, österr. Schnittenmarke, ursprünglich mit Haselnussfüllung, später auch mit Kakao-, Kaffee- und Zitronenfüllung
mörmern (er-, herum-; Ws), *Seite 16, 27*	(er-)jammern, lamentieren
Palatschinken <österr.>, *Seite 114*	<dt.> Pfannkuchen
Pfiff <österr., ugs.>, *Seite 27*	die kleinste Maßeinheit Bier, die in einem (österr.) Lokal bestellt werden kann
polymerant (Ws), *Seite 97*	großangelegt, aber unwertig;
polymer	(aus der Chemie) aus großen Molekülen bestehend
Polymerie	Zusammenwirken mehrerer gleich-

	artiger Erbfaktoren bei der Ausbildung eines Merkmals
Powidl <österr.>, *Seite 41, 151*	<dt.> Pflaumenmarmelade
präjakulativ (Ws), *Seite 58*	zu früh (bezogen auf einen bestimmten Biorhytmus) einsetzend, (ejakulativ) austretende Flüssigkeiten, die ansatzweise bereits in die Aggregatzustände fest oder gasförmig übergegangen sein können
pudern, *Seite 121*	auch <österr., derb>: koitieren
radebrechen, *Seite 75, 89*	dieses Wort ist eine Mischung aus Rad fahren und erbrechen (E-I); der Teil, der sich auf ersteres bezieht, wird häufig in Zusammenhang dem Wort 'Kracherl' (s.o.) verwendet (E-I); österr. Wörterbuch: eine Fremdsprache sehr mangelhaft sprechen; du radebrechst/er radebrechte/geradebrecht
räunen (Ws), *Seite 55*	Zwischending zwischen bräunen und raunen (=düsteres Sprechen während

	größtmöglicher, 8 Minuten dauernder Sonnenbestrahlung)
remmen (Ws), *Seite 46*	mit Reimen sich einem Sachverhalt nähern (und/oder mittels Sport: 'stemmen')
Reeckel (Ws), *Seite 36*	der Reeckel ist einer indischen Sage gemäß das, was im englischen Sprachraum der 'pumpkin' (Kürbis) ist, mit dem Unterschied, das diese Illusion noch niemandem bescheinigt werden konnte
Rhimonikaken (Ws), *Seite 104*	Kakerlaken, die regelmäßig Absint zu sich nehmen
rinnotorisch (Ws), *Seite 13, 83*	Eigenschaftswort, das sich auf den Vorgang des Rinnens bezieht
rinnomatent (Ws), *Seite 83, 123*	Eigenschaftswort, das sich im indogermanischen Sprachraum weiter durchgesetzt hat als das dazugehörige Hauptwort Rinnomat; es ist ein nach mechanischen Gesichtspunkten konstruiertes Gerät, das rinnende Substanzen aus dem Verkehr zieht und zu Lubrikaten (s.o.) mit elastischeren

	Eigenschaften verwandelt, um ein einwandfreies Funktionieren bei der Kombination verschiedener Geräte zu garantieren. In kurz: 'patent' in einem technischen Kontext.
rinnomotorisch (Ws), *Seite 88*	die Motorik des Rinnens betreffend: im Rahmen der Architektur von Körperbahnen, die den Fluss der Körpersäfte, Sekrete, Lymphe oder Blut, etc. bestimmt. Im übertragenen Sinn kann auch das übergangslose Fließen von Handlungen gemeint sein, z.B. den notorischen Zustand des Rhinozeros beim aufrechten Laufen mit erhobenem Horn
rudimental (Ws), *Seite 52*	aufgrund eines hohen Verkorkstheitsgrades in der Ausbeutung 'wird' man mental 'zum Rudi'. Da das ein sehr grundlegendes Thema ist, wird das Wort analog zu rudimentär verwendet, versehen mit einer Brise von 'sentimental'
scho´ <wien., ugs.>, *Seite 63*	schon

Semmel <österr.>, *Seite 75*	Brötchen
Sprachvergäuerung (Ws), *Seite 121*	der Prozess, in dem bestimmte Sprechinhalte zur Säure werden; das 's' ist im Widerstreit mit dem 't' (des dahinterliegenden, zu Wort kommen wollenden Wortes Ver't'euerung zu einem 'g' abgeglitten)
Topfengolatsche <österr.>, *Seite 41*	<dt.> Quarkplunder
Topfenstrudl, Strudl <bes. süddt., österr.>, *Seite 48*	ein (Plunder-)Gebäck
verkörkeln (Ws), *Seite 16,17,60*	die Brüchigkeit und der Grad der Austrocknung bewirken, dass das alte Material langsam auseinanderbröckelt
verkrapfen (Ws), *Seite 46*	von Krapfen, <österr.> (<dt.> Berliner): wenn jemand einen Krapfen in den Mund gesteckt bekommt und eine Weile braucht, um diesen zu kauen und zu schlucken

verlauern (Ws), *Seite 108*
wenn die langwierige Beobachtung eines bestimmten Sachverhalts zu spät angesetzt wurde und dadurch kein oder kein nennenswertes Ergebnis erbrachte

verlimmern (Ws), *Seite 82, 105, 186*
die Eigenheit eines Kerzendochts, nach einer Weile des Brennens zu vergehen; eine Tochter-Veranstaltung des Verglimmens

vernadern < österr.>, Veranderung, *Seite 18, 22, 52, 84*
verächtlich machen, verraten; wenn die Natter verächtlich gemacht wurde (die Schlange als Symbol des Wissens), deutet das an, dass auch die Möglichkeit der Vernaderung der Boa (Konstriktor) besteht

wurscht <österr., wien., derb>, *Seite 85*
egal

zyklomatent (Ws), *Seite 121*
im Zyklus von Konjunktur und Depression reifend

Sprechtechnisch schwierige Worte (ssW)

Wort	Seite
Anselm	50
Amseln	50
Insilmgrim	121
Podgorski	43

Tabellchen

Das Wichtige-Wörter-zähl-Register (wWzR)

Dieses Register bezieht sich auf Worte, die den rückliegenden Text kennzeichnend charakterisieren. Wir müssen uns das so vorstellen, dass wir mit dem Rücken zum Text stehen. Rein textuell mag das zwar simpel klingen, nicht aber ort-o-graphisch.

Wenn wir ein Wort durch den Ort-o-graph schleusen, zeichnen sich von rot bis grün die Farben ab, die das jeweilige Wort bei dem durchschnittlichen Zuhörer als durchschnittliche körperdampfartige Ausstrahlung messen lässt.

Der Ort-o-graph lässt sich hier nicht simulieren, wohl aber die häufigsten Wörter des Textes (der hinteren Sorte, s.o.) – mit deren dazu zu ergänzenden, jeweiligen im Ort-o-graph festgestellten Ausdünstungen.

Die Ausdünstungen sind natürlich standortspezifisch (bezogen auf den durchschnittlichen Otto-Körper) zu interpretieren. Dieser Durchschnittswert ist unter dem pro-Kopf-Ausdünstungs-Koeffizient (pKAK) von der *sadistisch-statistischen* Heilanstalt im Archiv gespeichert. Er ist dort für jeden Bürger in deren wWzR zu erfragen.

Zum gegenwärtigen Zeitpunkt können sich die durchschnittlichen Verbraucher, die Sprach-, Worte- bzw. Wörter-Konsumenten leider zumeist noch keinen Ort-o-graphen leisten (wodurch natürlich eine große Menge, in höchstem Maße interessierender Werte für eine große Allgemeinheit nicht zugänglich sind und für diese Zielgruppe verloren gehen).

Bitte daher zu entschuldigen, dass auch der Autor diese Werte nicht bereit- und zur Verfügung stellen kann. Die Preise für eine private Anschaffung eines Ort-o-graphen (Ort, oh Graf!) hat z.Z. noch kein Otto-normales Niveau erreicht.

Unöffentlich, im Private dieses Buches,

hingegen die gezählten Worte.

Apfel als zusammengesetztes Hauptwort oder zum Zeitwort mutiert (und missbraucht)	**22**
<der, die, das> **Arme,** <die> **Armut** (wird häufig auch als Kontrastprogramm zur Anmut dargestellt und präsentiert)	**12**
Bank Ein- und Mehrzahl, auch als zusammengesetztes Hauptwort	**68**

<table>
<tr>
<td>

Ei

Nicht enthalten sind:

- mit Bindestrich davor und danach (=zusammengesetzte Ei-Worte bzw. Wort-Eier)
- die Eigenschaftsworte: eierhaft, eierfarben, etc.
- die in *dieser Tabelle* befindlichen Worte 'Ei', zusammengesetzt, mit oder ohne Bindestrich oder als Eigenschaftswort

</td>
<td>

21

</td>
</tr>
<tr>
<td>

Eimer

Inklusive:

Eimer-Ei, Eimer-Eins, (auch: Eimer1), Eimer-lass (-Syndrom) und eimerweise

</td>
<td>

16

</td>
</tr>
<tr>
<td>

Kapitalist

Ein-, Mehrzahl, als Eigenschaftswort

</td>
<td>

20

</td>
</tr>
</table>

Kirche häufig auch synonym mit dem gesamten Non-profit-Bereich unseres Universums verwendet	**24**
Kupferdraht, -drähte	**7**
Nacht auch als zusammengesetztes Hauptwort	**28**
Nüsse	**5**
	]Tabellentyp: Tabelle, bestehend aus drei fusionierten Tabellenzeilen; hier möglich, da die Worte, die jedes für sich eine Tabelle beanspruchen könnte, im Alphabet hintereinander kommen[

Samen Nicht enthalten sind: - zusammengesetzte Hauptwörter, die das Wort Samen beinhalten, z.B. besamen, Samenbanken, etc. - die auf die menschliche Spezies eingeschränkten Samen (=die Menge aller Samen [im Text], die sich nicht z.B. im Wort 'Samenbanken' befinden) - die sich in *dieser Tabelle* befindlichen Worte 'Samen', auch als zusammengesetztes Hauptwort	**6**
Schal häufig synonym mit Gral verwendet	**3**

'Tiere'

Affe	**3**
Bock Ein- und Mehrzahl, auch als zusammengesetztes Hauptwort ('Bock' in der Vorsilbe)	**4**
Fisch Ein- und Mehrzahl, auch als zusammengesetztes Hauptwort	**9**
Maus Ein- und Mehrzahl, auch ugs.-symbolisch verwendet	**10**

Molch, -e nass, kalt	**3**
Natter weiblich, wissens-, kriech- oder domina(nz)-symbolisch (wwkds)	**8**
Rhinozeros Ein- und Mehrzahl	**7**
Sau weibl.: ordinäres Haus- und/oder Hofschwein; v.a. ugs.-symbolisch, auf den jeweiligen Kontext bezogen	**8**

Schnecke häufig in Zusammenhang mit E-förmigen Worten (Eiter, Euter, etc.)	**5**
Schwein Ein- und Mehrzahl, auch als zusammengesetztes Hauptwort (figural und/oder transzendent)	**5**

Fortsetzung der Tabellen siehe nächste Seiten!

(Operationalisierung bzw. bedeutet bzw. =gleich [bedeutet bzw. ist gleichbedeutend mit 'ist gleich'; ein bloßes, sprachliches *Ist,* im Zwitter einer sprachmathematischen Schreibweise]):

Umblättern!

(jetzt bloß nicht altlastig werden, wir ham´s gleich)

[Achtung! Druckfehler! Seite (1)4611–↓]

Ausmäckerung (Melken)

Nach der bloßen Häufigkeit geordnet, 'bloßfüßig' und jedes für sich (das hat nichts mit einem Floß oder Fluss oder sonstigen unredlichen Dingen zu tun; die Regeln der Zählung sind den obigen Tabellen entnehmen!).

Beginnen wir mit der Tierstatistik (untergeordnete od. auch Nebenstatistik).

Unter der Prämisse, einer mengentheoretisch maximalen Varietät* enthält der Text 13 Schweine (davon 8 Säue), 10 Mäuse, 9 Fische, 8 Nattern, 7 Rhinozerosse, 5 Schnecken, 4 Böcke (wird im Text nicht näher spezifiziert), 3 Affen und 3 Molche (Tiere, die seltener als 3 Mal vorkommen, werden bei dieser Zählung nicht berücksichtigt). In Summe ergibt das (satte) 62 Tiere.

Nun zur Hauptstatistik.

---

* Es wird angenommen, dass in den verschiedenen Textumgebungen das jeweils genannte Tier nicht mit dem vorher oder nachher genannten Tier identisch ist bzw. sein muss. Z.B. muss das Rhinozeros auf Seite 28 nicht mit dem Rhinozeros auf Seite 33 oder eines der Rhinozerosse auf Seite 93 sein. Die oben angegebenen Zahlen stellen somit einen Maximalwert dar, der nur im Fall, dass keines der im Text genannten Tiere 2 Mal 'vorkommt', zutrifft.

Das Zählen des Wortes 'Achtung (Ausrufezeichen)' und des Wortes 'Milch' wird hier aus Gründen, auf die hier nicht näher eingegangen werden kann, 'erst' oder 'gerade' bei dieser (bilanziellen) Reihung nach Häufigkeit für angebracht und für nur in jeder, allzu erdenklichen Weise gerechtfertigt (ja!!) gehalten:

Bank	68
Tiere (gesamt)	62
Nacht	28
Kirche	24
Apfel	23
Ei	21
Kapitalist	20
Eimer	16
Arme, Armut	12
Achtung (!)	8
Milch	8
Kupferdraht	7
Samen	6
Nüsse	5
Schal	3
Totale	**311**

Ta-BELLE

Diese nur allzu vernünftig-rationale Tabelle *strotzt nur so vor Überzeugung. Das Strotzen ist das Grundprinzip des grundlegend anerkannten und ganz und gar nicht missgebilligten oder missgebildeten*, schon vorher erwähnten Verrotzungsgrades.*

In dieser - wie oben ausgeführt - strotzigen Tabelle sehen Sie, dass das Wort 'Achtung (mit Ausrufezeichen in Klammer [in der 'Buchhaltung' kann das Rufzeichen nicht anders ertragen oder gehalten werden])' und das Wort 'Milch' sich ex equo (<lat.> ex equo pugnare: zu Pferd 'handgemein' werden, mit der Faust kämpfen) in je einer eigenen Tabellenzeile befindet.

Und diese beiden – *obwohl es nur allzu billig wäre* (nämlich genau 8 Punkte) – nicht oder noch nicht (nicht) fusioniert worden sind oder haben zu sein gepflegt haben.

---

* wir sollten dabei jetzt auf keinen Fall an die Miss-World-Wahl (MWW) denken müssen

In aller Feierlichkeit und der angebrachten Inbrunst aller geballten inneren, europäisch-globalen Werte – schreiten wir nun zum Höhepunkt.

Lasst uns unseren Dilettantismus zelebrieren.

Auf unsere renitente Widerborstigkeit!

Auf unsere roten Erdbeeren (in Sekt)!

Auf die Analität des Geld Zählens.

Reimen wir uns ein, auf den eitrigen Kostenschleim.

Das Strotzen ersprieße!!

Im Topfen Deines Angesichts.

Und Powidl.

Der Höhepunkt: Die Ermittlung von Alpha

Durch die Berücksichtigung des *durchschnittlichen* Zeilenwerts der Tabelle 'Tiere' wird der Animalität des ganzen Unterfangens Genüge getan.

Der durchschnittliche Zeilenwert der Tabelle 'Tiere' wird mittels der durch die Anzahl der Tabellenzeilen (= 10; s.o.) dividierte Summe (= 62; s.o.) ermittelt:

62 : 10 = 6.2

α = die Totale (= 311; s.o.) dividiert durch den durchschnittlichen Tierzeilenwert (= 6,2; s.o.)

311 : 6.2 = 50,161290322580645161290322580645

Das ist der Wert, den der Kapitalist im Psychogramm erreicht!

→

Alpha beträgt 50, 2 Punkte

masochistisch-statistisch, bankunüblich und kaufweiblich aufgerundet allgemeine Gefühle

\-

höhepünktlicher Erregung

Dieser Wert

liegt zwischen GUT und BÖSE und das bedeutet

DIE GÖTTERDÄMMERUNG MUSS EINSETZEN

punkt.

- Kleine Versaufpause -

Abkürzungsindex (Ai)

(ohne Liste läuft {eben} nix [oLln])

Narr-rations-typenverzeichnis (Ntv)

Erzähltyp	Seiten
chronologische Ereignisse erzählen, zur Zeit geltende Regelwerke beschreiben und erklären	11-15, 20, 27, 28-31, 36, 39, 40, 48, 52-55, 57-59, 61-69, 71, 72-74, 82, 85, 87, 88, 91-97, 100, 107-110, 113, 114
es orakelt	16-19, 35, 99, 100, 102
verfremden	11, 20, 21, 39, 41-44, 50, 51, 53, 55, 65, 74, 100, 101, 104, 111, 112, 118
Wortspiel	23-27, 35, 37, 52, 53, 55, 58, 63-65, 70-71, 78, 85, 90, 105, 119
surreale oder pseudoreale Erzählung und Erklärung	3, 7, 51, 53, 55, 56, 58, 62, 64, 74, 82-84, 93, 95, 100, 101, 108, 110, 111, 115, 119, 121, 122, 125-135, 183, 186
Allegorie	30, 34, 35, 38, 40, 43, 45, 50, 51, 53, 54, 65, 74, 88, 101, 104, 105, 110-112

Dialog mit einem imaginären Gegenüber (eine oder mehrere Personen)	27, 29, 34, 41, 43, 62, 64, 81, 96, 97, 100, 151
anleiten, feststellen, schimpfen	34, 35, 37, 70, 79
sprunghafte Wegassoziation: 'weg' vom (von der) vorhergehenden Thema (Bedeutung) im letzten Satz eines Absatzes	23-25, 27, 92, 93
Festschreibung des Gesagten im letzten Satz eines Absatzes	75-91
Mathematisierung von Sprache	109, 114, 116
Warnung, Hinweis	9, 50, 54, 70, 85, 88, 98, 121

Lautmalen, Reime, Rhythmus, Impressionen	**Seite(n)**
Ronnie	17
Ringaringareiha	23
schwarze Milch	30
Jagen, Essen, Fliegenpilz	34, 111
Wir warten einfach	38
Ramsamko	45
Tauschstation	51
In einer kleinen Gasse	53
geselchten Gaul	56
Haschisch	76
Rhimonikaken, rote Läuse	104, 117

Germanistik-Methoden-Inventar (GMI)

Textbeispiele

Themenblöcke, die sich um folgende Objekte und Objektbezüge herum bilden und aufbauen

Der weite Themenkreis um das Wort 'Ei', 'Kirche', 'Bank', 'Natter', 'Eimer', 'Handtasche', 'Kapitalist', 'Geschlecht', 'Arme', 'Maschine', 'Auto', 'häuten', 'räunen', Worte, die Nahrungsmittel beinhalten, Worte, die den Zustand des Dicklichen beinhalten oder referenzieren (z.B. Wannst, Wahlross oder abstrahiert auf eine übergroße organisatorische Struktur: kleiner Staat, etc.), die Wort-Ziffer-Kombinationen mit den Ziffern 'eins', 'zwei', 'drei', 'vier' und 'I', 'II', 'III', 'IV'.

Worte in rhythmischer Kombination

Drum lass´ uns erlassen das Recht, bevor wir erblassen, im Klau. - Statt im Brei in der Nackedei. Sakra! Wie viele Leichen könnten wir vermeiden, blieben wir seiden. - Loggen sie sich ein um Mitternacht, dann gibt es safer Sex im Saxophone. – ...Du bist sein ehernes, eheähnliches Kind...In der Dreiheit Deines Gottes hast Du geschmort...(Sprechrhytmus: 'Vater unser im Himmel')

Rhythmus und Reim

...ein...Versehen. Auf Wiedersehn. - Ein mal eins ist keins - In einem Himmelsbett mit Korsett. Nicht am Klosett ...-...wir´s den Griechen und den Römern, im ständigen Verschönern...- Deswegen können wir´s nicht lassen...Gebt Ihnen kein Haschisch! -...kein Ansehen, sagte Anselm, als Gruseln...- Das ist ja Klasse! Die hat auch Kasse...-...Genitale...nicht das Rektale...-... verbraten sie Dich, reimen sich ein, auf Dein Gedicht...-...auf den Urin und nehmen Kokain.

10-gebotsartige und scheinbar pragmatisch-sinnhafte Aufzählungen

1. Der Kapitalist ist Kapitalist. 2. Das ist er mit Brot-Laib und Seele, 3.-11. -...Was die Maschine braucht, ist: 1. Liebe, 2. Motoröl, 3., 4. - Nummer 1: Werde wie Gott. Nummer 2: Halte Abstand, weil Du bist ja nicht wie Gott, Nummer 3, Nummer 4.

Geschlechterkampf

...Hat er uns doch (eine Sie war´s ja sicher nicht...) - ...'Käuferinnen', das muss erst durch ein Referendum eingebracht werden - Hämmoridal kann es enden, wenn man als Mann einer Frau gegenüber... - ...markiere einfach Dein Revier...Die Natur hat das nicht ideal angelegt. Da haben´s die Frauen leichter... - Hebe im Zweifelsfall immer Dein Bein und uriniere...das eherne Gesetz des waffenfreien Geschlechterzwistes.

Sex: ein-, zwei- oder mehrdeutig

Sie versucht zu kommen, er versucht, nicht zu kommen...- Sex als die Revolte des Krieges -...der Sex von unten nicht wie der Sex von oben...- safer Sex...-...Sex als Video...-...organographischen Körperöffnungen...-...para-, psycho- und transsexuell...-...Kastrationsangst der Männer...- zwischen Athen und dem Sex...- Die Lust im Rüssel des anderen erspüren, die Lust im (Neural-) Rohr der anderen erfassen.- ...der Manager kommt zu früh...-...G-Punkt.

50:50 verständlich:unverständlich

Auf der Matte im Jargon - ...wo das Glück der Armen noch nicht unter die Bettdecke des Nagelbettes gekrochen ist. - Die Bettdecke will gewartet werden. Sonst eitert wieder das Nagelbett. - Der Eimer daheim sagt das, was der Bodensatz des Seins im Kaffeesud ist. - Eins und eins ist eins. Zwei und eins ist eins... - Es war nicht das Ruinieren der Allmacht, sondern die Ruinante der Zwietracht. - Pfänden Sie sich!

Licht, Feuer und Farben

...in der Glut der Morgenröte... - Und es gilt das Licht zu erwärmen...-...wird Amerika...verbrannt. Das...physikalische Gesetz des Lichts! - ...in diesem Lichte, auf dass er sie nicht richte... - ...den Louvre bei helllichtem Tag auszuräumen... - ...immersatte Augengrün des Smaragd... -...negerweiß... - Decke weiß, was blau sich nicht regeln lässt. - ...in der Farbe, in der Du hineinsiehst.

Stimmungsmalen

a) Erzeugung von dumpfem, orakelndem Wahnsinn

durch die Kombination verständlich-logischer mit unlogisch-unverständlichen Elementen, durch flehend-dringlich Fragen und Wiederholungen:

Herummörmern, verwunden, vermasselndes Beten ergründen, warum nur warum, ...es war die verkörkelnde Miene des anderen... - Wie kann einer, der den anderen glaubhaft vermittelt, er sei Zwei, 3 Mal wiederholt - Warum nicht die Eier vor dem Abend loben? Warum nicht die lobgerannte Rede des analphabetischen Gottes erhören...

b) Erzeugung lyrisch-hoffnungsvoll-positiver Stimmung

...Und es gilt das Licht zu erwärmen, das der Angel den Nabel der Welt verrät. Rote Läuse kräuseln das Licht, das die spektralfarbenen Heller errötet. - Um Mitternacht die Eintracht in die Hosen bügeln. - ...der Schnee schmilzt und verschmitzt aus dem letzten Regentropfen die Zukunft des Universums erkauft wird.

Durch direktes oder indirektes Einbeziehen von Pflanzen und Blumen:

Nimmersatter Spitzwegerich säumt den Weg...- Erträume Deine Bäume, mit ihrem Kakadu. – Immersattes Grün...-...von den Bäumen kamen.

Deftig & derb

...wie Euch die schwulen Brüder die Eier aus den Schenkeln holen können... - Pudern Sie nicht auf der Matte - ... reingefickt, wo man eine raunzige Muschi am Wegesrand gefunden hat. - Wem nicht zu pfeifen ist, dem ist auch nicht zu urinieren. - ...um das Mahnmahl seiner Muschi.

Links oder rechts

...weiße Maus..., die regelmäßig von links nach rechts durch den Raum huschte...- Von Rechts wegen muss rechts gefahren werden ...-...die Worte, die der Proletarier rechtsseitig...-...(§5769, links unterer Absatz)...-...der Schnürsenkel rechtzeitig in der linken Hand...

Wortschöpfungen und erfundene Redewendungen, die sich an das Übliche (von links oder auch von rechts) anbiedern oder anzubiedern versuchen

Die Idiotie...gämmert verlimmernd. - ...gämmert Wau-Wau. - ...radebrechen, diese Semmel der Gewalt. - Kondomhierarchie gesottener Anleger... - Marme Deine Lade. - Im Simmel des A-krumm. - ...keiner Fliege am A vorbeigehn´. - ummachtet sein - Eier oder (karierte) Socken im Eimer tragen - Eier am Wannst tragen - Einer allein ist mehr als ein Eimer daheim. - Räunen häutet den Hund. – Einer Sache auf den Hund kommen.

Bildhafte Wortanalogien

...Malediven und Ei...- Genitaltracht (sekundäre Geschlechtsmerkmale wie z.B. ein Bart z.B. mit Lederhose) des Antriebs...-...Eiter der Schnecke...-...einschleimen...-...unter der

Kreuzigung seiner Male zur Mahlzeit gereicht. In weißem Gewande...(z.B. könnte hier 'das letzte Abendmahl' von Leonardo da Vinci assoziiert werden, verschmolzen mit einem Bild Jesu nach der Kreuzigung; unter Ausblendung der zeitlichen Dimension: die Male als 'Endergebnis' der Kreuzigung sind dabei in das letzte Abendmahl 'vorverlegt'. Dieser Text bekommt dadurch eine surreale Konnotation). -...bei den Musiknoten den Kopf vom Schwanz trennen.

Surrealer Expressionismus

Katzen auf Hinterbeinen galoppierend...-...Farbbrösel im Autopark...-...purpurfarbene Stechuhren...-...Augengrün des Smaragd...-...grünflächige Austern.

Deklinationen, Analogien

Eimer1...- Leieratur, Eierleins, 1x1 - Safer Sex im Saxophone. - ...Brahma – Karma - ...Nacht – Gracht - ...Düse – Drüse - ...Vernaderung der Natter - ...G-Punkt - ...Verstopfung.

Musik, Dynamik

Geräusche der Maschine zu Musik erschallen...-...Musik aus einem ein-jahrhundert-alten Radio...-...Drehst Du Dich, dreht sich auch der Spiegel und auch die Farbe ändert sich mit...-...G-Punkt (in einem weiten, übertragenen Sinn: einer Sache, Person(en) oder einer Entwicklung innewohnende(r) und zugrunde liegende(r) Spannungsbogen und Dynamik)...-...Schnee schmilzt...-...einloggen...-...wegrationalisieren.

Beendigungen

a) Sätze, die nach vorne wegstarten (nvw), um sich rechtzeitig als Erste(r) einzureihen; ein Problem ist der zündende Kraftstoff 'nach vorne'

Und die Lösung liegt eben in der Bildung neuer Banken. Nicht zurück, sondern vorwärts ist zu diskutieren. - Im Ei der Supraleitung. Dorthin geht die Fahrt!

b) Vorzeitige Beendigung

...was Du nicht willst, das man Dir tu, das füg´ auch keiner andern Sau. - Abhalftern ist erste Bürgerpflicht.

c) Kontrapunkt

Der letzte Satz oder das letzte Wort eines Prosa-Absatzes wechselt das Thema bzw. sämtliche in diesem Text angesprochenen Themen, z.B.:....Thema...Diesmal aber gut.... Ahoi? – Oder der letzte Satz greift ein vorher bereits, scheinbar abgeschlossenes Thema wieder auf und führt es weiter, z.B....Würde Weiß-Russe in diesem Zusammenhang nicht besser passen?, oder: Die Frage bleibt nur, was das aber wiederum mit der Handtasche zu tun hat.

d) Punkt, oder: das letzte Wort (haben)

In Avalon. - . In der Höhle von Rotterdam. - Oder die Rosenkranz-Formel der ungewollten Teilhaber des brutto-nationalen Klimas. - Wohlgemerkt, der partnerschaftliche Sex. - ...(Idioten-Dämmerung auf Hollywood?). - Und krank ist das Huhn.

Erscheinungsbild des Textes: Zerrüttung eines Textes (ZeT) oder weniger wäre mehr

Das eigentlich fehlt dem (der) Marx(-in) in seiner (ihrer) Analyse. - Herrgottnochmal (fraugott[nur]noch[zwei]mal)...- Das Automatenauto (Aa) sitzt bekifft in der Ecke und lauscht dem melodramatischen Aufbau der 100 Mozartkugeln in seiner bzw. ihrer*[(Aa)] Unterhose. - ...Go(e)tt(er).

Markierungen im Textverlauf

Kursiv gesetzte 'Überschriften' als Einleitung des oder ohne direkte Beziehung zum nachfolgenden Prosatext, die Punkterl nach den 'Überschriften' als Vortäuschung oder Anmaßung eines übergangs- oder endlosen Zustands, Fußnoten*, der Hinweis bei Seite 054, 880 und (1)4611, Bindestriche und die entsprechend der aktuellen deutschen Rechtschreibung signierte *direkte* Rede.

Go(e)tt(er) (G)

Go(e)tt(er) in menschumfassender und -überschreitender Omnipräsenz: Gott, Götter, Gottheit

Übermenschliche, moralische Instanz als eigener, quasi-objektiver Standpunkt: ...Gott(I) kennt Dich schon lange...Gott des Machos

(Klerikaler) Symbolismus: ...seine Male...zur Mahlzeit gereicht...

Kulturkreisbezogene, religiöse (kkb, r) Skulptur, Malerei und/ oder Musik (z.B. Oper, Richard Wagner): Götterhund, Götterdämmerung

Anrufen eines Gottes; in ursprünglicher Bedeutung: für Beistand in Not und Gefahr oder zur Verstärkung der eigenen Machtposition: ...Herrgottnochmal...Mein Gott...

Symbolisch-ekstatischer Kochvorgang: ...In der Dreiheit Deines Gottes hast Du geschmort. Du bist aufgegangen wie ein Knödel...

Tiere: ...Gottesanbeterin...(Götter-)Hund...wenn Götter fliegen

- Keine Versaufpause II -

Wortgruppenregister (Wgr)

Lokalitäten

Wien: Währing, Gloriette, Schönbrunn, Semmelweis-Klinik
Louvre, Stephansturm, Roter Platz
Reims, Athen, Rotterdam, Maastricht, Iderhoe, Delphi
Berg Athos, Seine
England, Aserbeidschan, Pakistan
Europa, panarabischer Raum
Seychellen, Molukken, Malediven

Berühmt-bekannte Personen

Kolumbus, Galilei
Karl I., Heinrich Jasomirgott, Mahatma Ghandi, Hitler, Tony Blair
Semmelweis, Karl Marx, Jean Paul Satre
Mark Twain, Orson Welles, Wedekind, Agatha Christie
Renoir, Vermeer
Ringo Star, Freddy Mercury
Hans Moser, Ernst Waldbrunn
James Dean, Liza Minelli, Cary Grant,

Goldie Hawn, Melanie Griffith, Michel Douglas, Jane Fonda, Nasstassja Kinski

(Frühere) Nationalitäten

Griechen, Türken, Römer, Lappen, Polen, Ägypter

Große Worte

Wahnsinn, Geschlecht, Glauben, Geld, Macht, Armut, Gott(-heit), Götter, Priesterinnen, Hexe, Abschaum, Körper, Klan, Kaste, Klasse, Macho, Reiche

Wirtschaftspolitische Begriffe

Macht, Maastricht-Kriterium, Wettbewerb, Sozialismus, Märkte, Moneten, Netto-brutto, netto-nationale Bewegung, Tellerwäscher

Industrie

Waffen-, Kosmetik-, Auto-, Computer-Spielindustrie (Albatron)

Naturwissenschaften,...

Alchemie, Anthropologie, Biologie, Physik (0-Punkt),
Medizin, Geographie

Technische Gebrauchsgegenstände

Kette, Motorrad, Automat, Auto, Maschine, Computer,
Kupferdraht, Wagenheber, Rohre, Brause, Beetle, Räder

Maschinenmetaphern

die Maschine einkleiden (plüschfarben)
die Maschine pflegen
Arbeiter trägt Maschine und Risiko,
Tellerwäscher

Organe, Zelle, Chromosomen,...

Leber, Niere, Weichteile, Ader, Magen, Hoden, Zahn,
Eierstöcke, Prostata, Galle, Herz, Zirbeldrüse, Chromosomen,
endoplasmatisches Retikulum (Membransystem in der Zelle),
Neuralrohr (bei Wirbeltieren während der Embryonalentwicklung
auftretende Struktur, aus der sich das Rückmark entwickelt)

Krankheiten

Gicht, Kreutz-Feld-Jakob, Eiterbeule, Aids, (Verstopfung, Eiter)

Essbares, Genussmittel

Topfen, Powidl, Kuchen, Torte, Sahne, Streusel, Schlag,
Palatschinken, 'kalte Schnauze', Schaumtüte
Topfengolatsche, Käsestangen (Mürbgebäck)
Apfel, Melone, Karotte, Zwiebel, Rettich, Knoblauch, Hopfen
Butterbrot, Semmel, Brötchen, Brot(-laib)
Putenmilzbrötchen, Ei, Speck, Kaviar, Nudelsuppe
Bockwurst, Fleischlaberl (Frikadelle), Schlemmerbraten
Muscheln, Austern, Feigen, Nüsse,
Lebertran, Langusten

Namen

Ronnie, Reinhart, Bernhard, Ottilie, Simone, Rosinante, Eberhard, Otto, Schneewittchen, Rosenrot, Adelheit, Lise, Wanda, Grimhild, Helena, Kunibert, Kunigunde, Sokrates, Xantippe, Maria, Karl, Agathe, Lothar, Gunar, Agathe

Tiere als Symbolträger

Dromedar (für Wüste, Ausdauer und Trockenheit)
Hecht (für Dominanz, Biss, Schnelligkeit)
Mäuse (Geld, 'weiße Mäuse')
'(die) Katze (aus dem Sack lassen)'
(Lust-)Molch(e), Stier, Esel,
Rhinozeros (Habitus eines milliardenschweren
Managers oder Politikers, große Organisationen),
Hornträger (Brillenträger)

Wörter

agrarphilanthropisch, liminatent, präjakulativ,
politökumenisch, juridikal

(in der Buchhaltung/Zählung oder im Text bisher nicht erwähnte) Tiere, Mikroorganismen

Vertebraten (<lat.> Wirbeltiere),
Pferd, Hengst, Grauhaardackel, Gaul, Bär,
Wachtel, Huhn, Reh, Großflughunde, Ziege,
Lamm, Salmonelle, Muschel, Goldfisch, Trichine,
Hase, Wahlross (Wahlrössin), Eule, Kakadu, Fliege,
Läuse, Echse, Kröte, Insekten

Pflanzen, Gestein, Pilz

Röslein, Spitzwegerich, Immergrün (Hundsgiftgewächs;
immergrüner Halbstrauch der Laubwälder mit hellblauen Blüten,
auch als Zierpflanze), Haschisch, Beeren, Fliegenpilz,
Bambus(-rohr), Koralle

Gemüse und Früchte als Analogie

Gurke (abschätzige Bemerkung, die sich auf ein weibliches
Gegenüber bezieht), gurkenhaft (der Art eines Trutscherl [<österr.>
einfältiges Mädchen] entsprechend),
auf die Nüsse (Eier, oder am Zeiger) gehen

Rest

Klonen, Märkte, Kasuistik, liberal, Liegenschaft,
Säbel, Adel, Handtasche, Licht, Sonnenuhr

(Leider) Nicht verwendete Worte

Maiskolben, Lötkolben, Trompete, Pastete, Pneuma,
Irma, Irmgard, Pneumatik, Sisyphos, Paradontax (Zahnpasta),
Kamel, Tomahawk (indian.-engl. Streitkolben oder Streitaxt
nordamerikan. Indianervölker), Morgenstern,
Apetlon (Ort in Niederösterreich), Knopf im Loch,
Sophia, Sofia (Name, Vorname der ital. Schauspielerin
Loren, Hauptstadt von Bulgarien oder griech. Heilige),
sein Krampf, Krampfader, im Zwitter Gottes,
im Gottes-Zwitter, Götterzwilling, Göttersemmel
Oppossum (amerikan. Beutelratte)
Come-on-Bert

Freiigke Nutzzonigkeit

Gelbrot ist der Fruktationszirkel diagonal quadratischer Katzenzungen mit den Nägeln rostiger Perforation zu narren. Linguistische Langusten in der roten Morgenröte zu sich nehmen und dabei die Bewegung grünflächiger Austern mit purpurfarbenen Stechuhren stoppen zu wollen ist genauso ozon, wie den Rist im Witz der List graubackener Erbsenwurzen glatt zu streichen. Frei ist das Rad. Rentabent ist radegebrochenes Hyazint erlogener Märchenhaftung, Saldo-Porsche mit eigenem Mast weht die Segel erweichender Maden voran. Probst im Pirouettenquadrandt!

Auslauf,

ausläuten oder -leiten,

Âpres-log,

Rücknahme und Widerruf
der Leserbeschimpfung (auf Seite 7),

Extroduktion,

Auf Wiedersehn

Sehr geehrte Damen und Herren,

www (werte Wien {Be-}wohner {und –freunde}),

danke für Ihr Vertrauen. Sie können jetzt das Schiff verlassen. Rauchen Sie bitte nicht! Und zählen sie nicht nach, wie viele Eier Sie in Ihrem Eimer haben. Wir wollen ja auch nicht wissen, ob Sie alle Tasten im Schrank hatten, als Sie hier mit uns an Bord waren. Erinnern Sie sich bitte an den genitalen Düsenantrieb zurück und fragen sich in aller Demut, wie wir, die Europäer, so viel anhaltende Qualität in den Rexgläsern der (transgenitalen) Untergatten zu gewährleisten im Stande waren. Dieser eierhaften Supraleitung wird man sich noch zu allen mensch-unmöglichen Zeitpunkten der ganzen vermaledeiten Schwärmerei zu ergauern wissen. Und bitte bleiben Sie ehrlich, wenn es um die Verrechnung der verbrauchten Körpersäfte pro Ezechiel einwandernder Fremdheiten geht. Seien Sie sicher, es wird nicht verlimmern. Also.*

Ahoi!

Edition Noëma
Melchiorstr. 15
D-70439 Stuttgart

info@edition-noema.de

www.edition-noema.de
www.autorenbetreuung.de